AF263785

PRÉDICTIONS MODERNES

LES
PRÉDICTIONS MODERNES

DEVANT

LA *SEMAINE LITURGIQUE* DE MARSEILLE
ET UN SAVANT THÉOLOGIEN

PAR

AMÉDÉE NICOLAS,

Avocat.

1re Partie. — PRÉDICTION D'ORVAL.

MARSEILLE

TYPOGRAPHIE MARIUS OLIVE

RUE SAINTE. 39.

1871

PRÉDICTIONS MODERNES

DEVANT

LA *SEMAINE LITURGIQUE* DE MARSEILLE
ET UN SAVANT THÉOLOGIEN

———————

(I) La *Semaine liturgique* de Marseille, dans ses nᵒˢ des 23, 30 octobre et 13 novembre, a publié contre les *prédictions* privées, répandues dans le public, et notamment contre les *prévisions d'un solitaire*, dites prophétie d'*Orval*, un article emprunté à la *Collection des précis historiques* de Bruxelles, œuvre d'un *savant théologien*, dont le nom n'est pas donné.

Cet article présente, comme preuve de la fausseté des *prévisions*, une lettre du 6 février 1849, adressée par Monseigneur Rossat, alors évêque de Verdun, à ses confrères, dans l'épiscopat, et un extrait du *Journal de Bruxelles*, du 19 mars suivant.

La *Semaine*, croyant avoir coulé bas la *prédiction* par un moyen si peu coûteux pour elle, termine sa publication du 30 octobre par ces mots : « Si quelqu'un, après avoir pris connaissance de ces « documents, continue à soutenir que la prophétie d'*Orval* est un « *document* sérieux, je n'ai plus rien à dire. Il a *besoin d'autres* « *remèdes* que d'arguments moraux et historiques (I) », puis, dans la feuille du 13 novembre, elle se félicite elle-même (au lieu de féliciter le *savant théologien*), de ce qu'elle regarde comme un

———————

(1) On m'affirme que ces paroles appartiennent au *savant théologien*. Je veux l'admettre ; mais je ferai observer que celui qui répète de pareilles choses, se les approprie, et en est responsable tout comme leur auteur.

triomphe, savoir « des éloges et des adhésions qui lui sont « données par bon nombre d'autres *revues diocésaines*, avec l'assen- « timent exprès ou *tacite* (car elle fait parler le silence) de plu- « sieurs des évêques de France et de Belgique. »

Il semblerait donc que la questiou est souverainement jugée pour *ceux qui n'ont pas perdu la raison*, et que le *savant théologien* qui, dans le *Recueil* dont j'ai parlé, a fait *un véritable abatis de prophéties*, tout comme les corneilles font pour les noix, a réellement mis à néant la prédiction d'*Orval*, mais il n'en est rien ; les *prévisions*, si dédaigneusement rejetées, demeurent debout, et elles continueront à contrarier bien des gens qui les repoussent, peut-être, parce que les événements qu'elles annoncent ne leur conviennent pas (I).

(II) Je ne veux pas m'occuper de la *Semaine liturgique*. Je ne dirai pas que les *onze lignes qui lui appartiennent* dans la feuille du 23 octobre, présentent un style lourd, embarrassé, une ponctuation insuffisante, des locutions vicieuses et l'emploi de termes souvent impropres (2). Je ne ferai pas remarquer ce qu'il y a d'*étrange* à dire des hommes qu'il faut persuader, et non contraindre en *insulter* : « Si vous n'adhérez pas à ce que je vous dis, vous êtes fous, » car c'est là le seul et le vrai sens des trois lignes du 30 octobre; mais je m'attacherai à répondre au *savant théologien*, qui est un adversaire *plus sérieux* ; et, j'induirai de tout cela que lé directeur de la *Semaine*, qui *sait écrire et vivre*, ne doit pas être l'auteur des lignes qui annoncent l'article et de celles qui suivent sa première partie (3).

(1) Il y a en effet des catholiques qui voient avec peine que les *Prévisions* n'annoncent pas le retour d'une *trinité* d'un nouveau genre, *la trinité impériale*, à laquelle ils étaient dévoués, et qu'ils célébraient à propos de tout et à propos de rien.

(2) Voici des preuves : on réduit une pièce à sa juste valeur au moyen d'une saine, savante et rigoureuse *critique*, mais il n'est guère dans l'usage de dire qu'on l'y réduit avec *beaucoup de critique*

On peut *démontrer* la fausseté, même *évidente*, d'un écrit, bien que l'évidence *s'impose* et n'ait pas besoin d'être *démontrée* ; mais si on en *dévoile* l'auteur, resté jusqu'alors inconnu, on ne *dévoile* pas le peu de crédit qu'il mérite.

Si on *accorde* quelque crédit à une pièce de cette espèce, on ne doit pas dire qu'on ne lui en *attribue*.

Si l'on *montre* la sagesse et la prudence de l'Eglise dans le discernement des esprits, on ne les *démontre pas*, comme on ferait pour une *proposition*, un problème ou un théorème.

(3) Le rédacteur de la *Semaine* revendique les 11 lignes du 23 octobre. Je lui donne acte de la revendication.

(III) Il aurait été convenable que la feuille qui contenait l'attaque contint aussi la défense, afin de mettre le lecteur en état de juger. J'en fis la demande à un autre que le directeur. J'éprouvai un refus *net* qui supposait des *instructions reçues*. Quant à moi, je n'agirai pas de même ; je placerai devant le public l'article hostile (1) et sa réfutation, parce que je ne redoute pas son jugement, que je ne crains pas la *lumière*, que je n'ai pas besoin de parler seul pour avoir un *semblant de raison* auprès de ceux qui ne voient pas tout ce qui paraît ; et, que je *respecte* assez les personnes qui me liront pour ne pas vouloir leur *imposer* mes opinions, mes préférences et mes *répugnances* personnelles.

Le travail du *savant théologien* est formé de deux parties, l'une où est discutée la *prédiction d'Orval* (3), l'autre qui contient une *exposition de principes*, je refuterai ces parties dans *deux brochures distinctes*.

1re Partie. — Prédiction d'Orval.

(I) *La prédiction d'Orval* fut publiée, pour la première fois, de nos jours (à ma connaissance du moins), le 20 juin 1839, par le *Journal des Villes et des Campagnes*, qui remplaça par des points le pasage relatif à la chute du gouvernement de juillet » mais il « n'était pas bien assis et voilà que Dieu le jette bas ».

Le mois suivant, *l'Invariable* de Fribourg, en Suisse, profita de son impression à l'étranger, pour donner, dans son 14e volume, le même texte avec les mots omis dans le journal que je viens de citer.

Le 16 janvier 1840 parut, *l'Oracle pour* 1840, édité par un prêtre sous le pseudonyme de « *Henri Dujardin* : ce petit livre, où se trouvait un *Mémoire* de M. D... curé de Belleville (Meuse) fournissait un texte un peu différent du premier, en ce que le *futur* était, presque partout, remplacé par le *présent*, que certains mots étaient subtitués à d'autres, qu'au lieu de termes du milieu du seizième siècle, on en lisait de plus anciens, de *surannés*, et qu'il

____

(1) On le trouvera à la fin de la deuxième brochure.

(2) Je ne m'occupe pas ici des autres *prédictions en vogue*, parce que je ne suis pas fixé sur leur compte. Sans les *mépriser*, sans blâmer ceux qui leur accordent quelque crédit, je ne fais pas fond sur elles ; j'attends que les événements les réalisent pour savoir ce que je dois en penser, mais je ne me permets pas de les appeler des *diableries*, comme on l'a fait dans notre ville.

s'y trouvait de plus un *alinéa* entier ainsi conçu : « Dieu est
« saoul d'avoir baillé des miséricordes, cependant il veut pour ses
« bons prolonger la paix pendant dix fois douze lunes ».

L'*Invariable* reproduisit cette deuxième version, en 1840, dans
son 15ᵉ volume ; et plusieurs *suppléments à l'Oracle* furent publiés
successivement par M. *Dujardin*.

De 1840 à 1848, on ne s'occupa de la *prédiction* que dans des cer-
cles restreints et peu nombreux. Mais à partir du 24 février, l'atten
tion publique se reporta vivement sur elle ; chacun voulut la lire
ou relire et la posséder, ayant les deux textes imprimés dans
l'*Invariable*, j'en laissai prendre, chez moi, environ 800 copies,
d'autre part ceux qui avaient en mains l'*Oracle*, et qui savaient
par là que le curé, auteur du *Mémoire*, habitait dans le dépar-
tement de la *Meuse*, en écrivirent à Mᵍʳ *l'Evêque de Verdun*, pour
savoir ce qu'il fallait en penser. C'est ainsi, comme sur la demande de M. *Dujardin* lui-même, faite *tardivement*, bien après
l'apparition de l'*Oracle* et de ses suppléments, que ce prélat fut
amené à s'informer, à interroger M. l'abbé D... et à écrire à ses
confrères la lettre du 6 février 1849.

(II) La conclusion de cette lettre, dite *confidentielle*, et qui,
néanmoins, se trouvait, quelques jours après, dans les journaux,
ne fut pas approuvée par tous les hauts personnages auxquels elle
était adressée. Mᵍʳ l'Archevêque de *Bordeaux*, ayant appris son
insolite publication, la remit, le 3 mars, à un membre de son
Chapitre, M. le Chanoine Timothée Lacombe, prêtre pieux,
instruit, versé dans ces matières (1), et aussi *théologien*, afin
qu'il l'étudiat et la discutat. M. *Lacombe* s'acquitta de la mission,
et à la fin de l'année 1849, il publia, en réponse, à l'adresse de
l'Evêque de *Verdun*, *quatre lettres* formant un volume in-18ᵉ de
250 pages.

(III) L'auteur loua la *sévérité du prélat* à l'égard d'un prêtre
qui avouait, dans son *Mémoire*, avoir fait des *altérations* par sub-
stitution et des *remplissages* à une pièce qu'il disait être *d'ins-
piration divine ;* qui présentait sa version comme seule vraie,
exacte et complète ; qui affirmait la tenir *d'Orval même* par le
frère *Aubertin*, dont il faisait le dernier cuisinier de l'abbaye ;
qui plaçait la mort de cet ex-cuisinier en 1825 ou 1826 ; et qui

(1) M. Lacombe avait publié plusieurs brochures sous le titre *Méfiance
et Confiance* dans les Prédictions modernes. Il n'admettait donc pas tout
ce qui avait cours.

soutenait, dans le même *Mémoire,* que toutes les copies existantes en diverses mains, provenaient de lui seul, et que la première qu'il avait donnée était celle remise par lui à Mme *Jeanroy,* en février 1828.

Ces dires divers contenaient du *vrai* et du *faux.*

Il était absolument *vrai* que le curé de Belleville avait copié la prédiction d'*Orval* sur un petit livre du frère *Aubertin,* en l'année 1823, car M. le Vicaire-Général du diocèse de *Verdun,* le respectable M. *Mansuy* écrivait le 17 octobre 1838, à M. Vernet, Supérieur du séminaire du Saint-Sulpice de Vivier :
« Un diacre de ce diocèse (Verdun) avait, dans le cours de 1823,
« étant professeur au petit séminaire de *Pont-à-Mousson,* dé-
« couvert un livre imprimé dès le seizième siècle, portant le nom
« de *Prévisions,* et qui renfermait, mot à mot, ce qui a été mis
« depuis dans les journaux. Il le copia et le montra à ses amis ;
« le possesseur du livre était un *frère cuisinier des chanoines ré-*
« *guliers,* qui faisait de ce livre une lecture assidue ; il ne voulut
« jamais s'en défaire, mais seulement le préter. Je n'ai connu
« qu'en 1831 cet extrait de notre jeune prêtre qui l'avait depuis
« longtemps communiqué à bien du monde. je fis des recherches
« pour trouver le frère cuisinier... le volume avait plus de 150
« pages (Lacombe, p. 17, 18) ».

Il était aussi *vrai* que les copies du texte *falsifié et allongé* par le curé de Belleville, provenaient uniquement de lui, que la première copie donnée était celle qu'il avait remise à Mme Jeanroy, en février 1882. Celà établissait que la *falsification remontait à cette époque,* et non qu'il n'existat pas des copies *autres et plus anciennes,* remontant à 1793, et ne provenant pas de ce curé.

Mais il était *faux* que le frère *Aubertin,* qui avait appartenu *aux chanoines réguliers de Saint-Augustin,* comme le dit M. *Mansuy,* eut été le dernier cuisinier de l'abbaye d'Orval ; *faux,* que cet ex-cuisinier, mort le 28 février 1837, fut décédé en 1825 ou 1826 ; *faux* enfin que le vrai texte de la prédiction ne fut connu et répandu dans le monde que depuis 1828, et par le moyen du curé de Belleville, comme je le prouverai.

(IV) Pourquoi M. le curé avait-il fait l'*addition,* dont il ne dit rien dans son *Mémoire,* et les *altérations* qu'il y avoue ? Voici la réponse à cette double question.

Il avait fait l'*addition* d'abord pour contenter des *espérances politiques.* Mgr *Tharin,* Evêque de Strasbourg, précepteur de Mgr *le duc de Bordeaux,* comprenant mal la prédiction, trouvait qu'un règne de treize ans ne valait pas la peine, et l'auteur du *Mémoire*, voulant le satisfaire, ajoutait une *alinéa* entier, pour allonger ce règne de dix autres années (Lacombe, p. 112).

Il avait fait cette *addition*, ainsi que les *altérations avouées*, pour établir une distinction entre sa version et toutes les autres qui pourraient se produire, pour enlever toute importance aux dernières, et poser la sienne comme seule *vraie, exacte et complète*.

Il disait tenir son texte du cuisinier d'*Orval* afin de lui donner un caractère marqué d'*authenticité*.

Enfin il faisait mourir le frère *Aubertin* en 1825 ou 1826, onze ou douze ans avant la véritable date de son décès, afin d'empêcher toute recherche de la personne de ce frère, de rendre par là impossible toute comparaison, toute collation qui pussent faire découvrir l'*addition* et les *substitutions* qu'il avait faites.

Quel était le motif d'une pareille conduite? Ce motif était une *spéculation pécuniaire* ; il voulait assurer à l'*Oracle*, dont son *Mémoire* formait la partie principale, un débit considérable et on peut dire que ses espérances ont été de beaucoup dépassées.

Ce motif est suffisamment indiqué par M. *H. Dujardin* lui-même, et par M. *Constantin D...*, commerçant à Paris, frère du curé de Belleville. M. *Dujardin* écrit en effet à M. *Lacombe*, le 25 octobre 1849, en se plaignant de la concurrence et des emprunts que lui fait ce dernier. « Cette prophétie d'*Orval*, telle « qu'elle se trouve dans l'*Oracle*, est ma *propriété*, parce que « je suis le premier publicateur de *ce seul texte authentique*, et que » je le tiens de *celui seul qui l'avait découverte, et y avait introduit* « *des mots qui la rendaient exclusivement sienne* (1) ». (Lacombe, p. 123) et M. Constantin D... dit, dans sa lettre du 23 juillet 1849 : « Oui, j'ai vu la prophétie d'Orval dès 1823 ; mais pour le « moment..... *mes preuves nuiraient* à mon frère ». (Lacombe, p. 19). Puis répondant à un ami de Paris que j'avais chargé de s'informer auprès de lui, en 1849, il lui avoue que « son frère, « l'abbé, était dans une grande misère » (Ibid., p. 166).

(V) Si M. *Lacombe* loua, sur quelques points, la sévérité de l'Evêque de *Verdun*, il ne pût convenir avec lui que l'auteur du *Mémoire* eut fabriqué la prédiction en 1828 : et il prouva par plus de cinquante attestations, que le *texte primitif*, donné par le *Journal*

(1) C'était donc pour rendre la prédiction d'Orval *exclusivement sienne* et en avoir le *monopole*, que M. le curé avait modifié et altéré le texte qu'il avait reçu du frère *Aubertin*, et qu'il savait exister dans d'autres copies.

des Villes el des Campagnes, et par le 14ᵉ volume de *l'Invariable*, était connu et répandu en France et en Europe avant 1828, avant 1823, même depuis 1793, et que par conséquent les *Prévisions* étaient bien antérieures aux événements qu'elles annonçaient.

Il est résulté de cette réfutation approfondie, à laquelle Mᵍʳ de *Verdun*, n'a fait aucune réponse, vraisemblablement parce qu'il a reconnnu son erreur, et l'*équivoque* dans laquelle il s'était placé, que, si le prélat a fait le procès au *curé* de Belleville, à son *Mémoire* et à sa *version falsifiée*, il ne l'a nullement fait à la *version véritable*, qu'il ne connaissait pas, et à celui qui en était l'auteur.

(VI) Mᵍʳ *Rossat* était du reste plus exposé que tout autre à faire fausse route en cette matière. Précédemment Evêque de Gap, il avait eu un grave conflit avec Mᵍʳ de Mazenod, évêque de Marseille, au sujet des *Oblats de Marie Immaculée*, qu'il renvoya de *Notre-Dame du Laus*, et remplaça par des missionnaires diocésains. Il avait de plus existé entre lui et les *pénitents de Gap*, des différents qui le portèrent à demander son changement. Ce fut ainsi qu'il arriva à *Verdun*, pays qui lui était inconnu, dont il ignorait l'*histoire et les traditions*. Lorsque la question se présenta, peu après son arrivée dans le diocèse (1), il ne consulta ni MM. *Mansuy* et *Huard*, vicaires-généraux, s'ils vivaient encore, ni ceux qui avaient eu, de leur vivant, des rapports avec eux, car sa lettre du 6 février 1849, ne parle de rien de pareil ou d'approchant. Puis l'opinion publique, qui rendait hommage à sa grande piété, ne lui reconnaissait pas beaucoup de profondeur, le tenait pour un esprit assez superficiel ; et je puis dire que sa conduite dans cette affaire, ainsi que le contexte de sa lettre l'indiquent suffisamment

(VII) Le *savant théologien* et la *Semaine Liturgique* ignoraient-ils ou non les quatre lettres de M. *Lacombe*, lorsque le premier a construit son article, et que le second l'a publié ? je n'affirme

---

(1) Mᵍʳ Rossat est arrivé à Verdun à la fin de 1844, et est mort le 24 décembre 1866.

M. Mansuy, supérieur du Grand-Séminaire, a été nommé vicaire général honoraire par Mᵍʳ D'Arbon, maintenu par MMᵍʳˢ de Villeneuve et Valayer ; il ne l'a pas été par Mᵍʳ Letourneur. Né le 3 mars 1776, il est décédé le 6 janvier 1846.

M. Huard, curé de Montmédy, a été nommé vicaire général titulaire le 6 septembre 1837 Il a été remplacé le 11 féxrier 1840 par M. l'abbé Marotte ; né le 13 mai 1790, il est mort chanoine de la cathédrale le 17 novembre 1869 Il pouvait donc être consulté en 1849.

rien sur ce point, quoique certains passage de l'article, et certaines paroles faussement accusatrices pour M. Lacombe (2), pussent me laire présumer qu'on les connaissait, puisqu'on cherchait à leur enlever toute autorité; et je me bornerai à ce dilemme:

Si on les ignorait, on n'était pas aussi *savant* que veulent bien le dire la *Semaine Liturgique* et la *collection* de Bruxelles, et que l'exigeait le sujet que l'on traitait. On agissait de plus avec une *légéreté remarquable*, puisqu'on se jetait dans une discussion qu'on prononçait *ex-cathedrâ*, comme un *oracle infaillible*, sur une question déjà longuement débattue, sans posséder les éléments qu'on devait avoir pour le faire.

Si en les connaissait, personne ne comprendra que des *prêtres*, des hommes *sérieux*, qui doivent, avant tout, être *sincères*, renouvellent une attaque avec des moyens qu'ils savent avoir été refutés depuis plus de vingt ans, et passent *soigneusement* sous silence les réponses qui ont été faites. Quand on veut, *de bonne foi*, élucider une question, éclairer le public, au lieu de *l'égarer*, on ne se permet pas un pareil procédé, aussi *mauvais* que *mesquin*.

(VIII) Qu'on ne dise pas que ces réponses n'avaient pas d'importance; j'ai prouvé par les quelques mots que j'en ai dits, et je prouverai par les témoignages que je transcrirai, qu'elles en avaient au contraire une fort grande. Puis il est établi, par *le fait même*, que la lettre hostile de Mgr de Verdun n'a converti personne, que la prédiction a conservé tout son crédit, à tel point que ses détracteurs se voient obligés à la combattre aujourd'hui de nouveau, comme si rien n'avait été tenté et fait contre elle en 1849.

(IX) Le *savant théologien* lance contre les *prévisions* un seul *pavé*, la circulaire *confidentielle* du 6 février 1849; car la pauvre *Semaine Liturgique* de Marseille ne lance rien du tout; mais tant le *théologien* que le *Journal de Bruxelles* lui jettent quelques petites pierres qui ne pouvant faire aucun mal, embarrassent néanmoins le terrain de la discussion.

Le premier se plaint de ce que quelques témoins refusent de laisser publier leurs noms, tout comme si pareille chose n'arrivait pas souvent en *matière beaucoup moins grave;* de ce qu'on cite, à l'appui de la *prédiction*, des attestations ne venant pas directe-

____

(1) M. Lacombe n'était pas un prêtre *interdit*, Le bruit répandu à c, sujet est entièrement faux.

ment des témoins eux-mêmes, tout comme si celà n'avait pas lieu fréqnemment dans toutes les enquêtes, même les plus sévères ; de ce que quelques témoignages ne sont pas fermement affirmatifs, alors que ces atténuations de l'affirmation pure et simple proviennent de la *délicatesse même des déclarants*, de ce qu'ils craignent d'avoir des souvenirs un peu confus de choses déjà anciennes. et que ces défectuosités naturelles sont amplement compensées d'autre part, par une foule de témoignages qui affirment carrément.

(X). Le *Journal de Bruxelles* oppose que la *politique* n'est pas étrangère à la prédiction d'*Orval*, que la *forme* ne se rapporte nullement à celle de l'époque (1544); que l'un des derniers religieux d'*Orval*, J.-H. *Freymuth*, dit *Dom Arsène*, ancien cellérier, de l'abbaye, mort curé à Tintigny, en 1837, à l'âge de 78 ans, *connaissant tous les usages et toutes les traditions* du monastère, ne parla de cette prophétie ni en 1830, ni dans ses conversations particulières ; que les manuscrits qui étaient en sa possession (1), entre autres la *correspondance* du frère *Jacques* avec le cardinal de *Bissy*, le récit de la *dévastation* du couvent fait par le dernier abbé, *Dom Gabriel*, et une *espèces* d'*annales* de la maison ne font aucune allusion à une prédiction qui aurait été faite par un religieux d'*Orval*.

Je réponds à ces petits moyens: 1° Que les événements publics ont un rapport nécessaire avec ce qu'on appelle la *politique*, et qu'à ce compte il faudrait proscrire les prophéties d'Isaïe, d'Ezéchiel, de Daniel et même l'apocalypse. 2° Que celui qui fait ainsi le procès à cette chose *peu déterminable*, qu'on appelle la *forme*, ne pouvant pas la faire aux *termes* qui peuvent plus facilement être reconnus, connait, aussi peu qne moi, *la forme de l'époque*, serait aussi incapable que je ne le suis, d'en indiquer un autre, et qu'il allègue sans fournir de preuve. 3° Que le silence gardé dans la *correspondance* dont il est parlé est expliqué par le *Journal de Bruxelles* lui-même, puisqu'il ne s'y agissait, d'après ce même journal, que des *progrès que faisait le jansénisme parmi les religieux d'Orval*, chose évidemment étrangère aux *prévisions*. 4° Que le récit de la *dévastation* d'une abbaye ne comporte pas des indications sur une pièce qui serait prophétique, et ne se

(1) La phrase du *Journal de Bruxelles* conduit à penser que *tous* les manuscrits de l'abbaye étaient en la possession de Dom *Arsène*. Mais et n'est pas ce que dit réellement ce *journal* : peut-être a-t-il habilemen; disposé ses termes pour le faire croire sans le dire.

rapporterait pas à cette dévastation. 5° Que les prévisions auraient pû figurer dans les *annales*, si cet écrit eut constitué des annales véritables, au lieu d'être quelque chose d'informe, *une espèce d'annales*, comme l'écrit textuellement la même feuille. 6° Et quant au silence de *Dom Arsène*, je vais rapporter ce qu'en dit l'*Invariable* de Fribourg, dans son quinzième volume.

« M. *Huard*, curé de Montmédy (Meuse), puis vicaire-général de Verdun, avait écrit, le 4 avril 1835, après les recherches auxquelles il s'était livré, qu'il était certain et hors de doute que les *Prévisions d'un solitaire* « avaient été écrites dans l'abbaye d'*Orval* avant la révolution française ». Ayant appris qu'il existait encore en Belgique un ancien religieux de ce monastère, le père *Arsène*, qui probablement possédait ce document précieux, et pouvait donner de nouveaux détails, il prit le parti de l'interroger lui-même, et après l'avoir fait, il écrivit le 16 novembre suivant : « Le père Arsène était le plus jeune du couvent (1) lorsqu'on « chassa de leur solitude ces pieux cénobites. Il n'a point vu, il « n'a point lu alors la prophétie ; mais il se rappelle que, parmi « les religieux, on parlait à cette époque de prophéties éma- « nées d'un Père mort, il y avait bien des années. Ainsi, « quoique son témoignage n'aie rien de précis, néanmoins il ne « laisse pas de corroborer, dans ce qu'il a de vague, les autres « témoignages si positifs que je vous ai cités dans mes lettres « précédentes, et si certains, qu'il nous est impossible de les « révoquer en doute *sans ébranler la base de la certitude hu-* « *maine* ».

(XI) Ces petits embarras écartés, je n'ai plus devant moi que la lettre de Mˢʳ de Verdun, que le *savant théologien*, de son autorité privée, convertit en un *jugement* épiscopal, lorsqu'il dit : « La « *fabrication frauduleuse* de la prétendue prophétie d'Orval vers « l'année 1828 est mise *hors de doute* par la lettre de l'*Evêque de* « *Verdun*, qui est en même temps une sentence de condamna- « tion ». En sorte qu'il me faut examiner tout d'abord si cette affirmation est vraie ou fausse.

La lettre de l'Evêque de Verdun portait en tête ce mot *caractéristique* : « *confidentielle* ». Donc, elle exprimait le sentiment du -prélat communiqué à ses confrères, afin que ces derniers pussent lui répondre et l'éclairer de leurs propres lumières, car il ne

(1) C'était certainement parce que le P. Arsène était le plus *jeune*, qu'on ne lui avait pas fait connaître la *prédiction*.

pouvait avoir la pensée de leur *imposer son opinion*. Donc, elle ne constituait pas un *jugement*. Le *savant théologien*, sentant l'induction que l'on tirerait tout naturellement de ce mot si important, l'*a supprimé* dans son article; c'est ainsi qu'il a pu dire que cette lettre était une *sentence de condamnation*. Je laisse au lecteur le soin d'apprécier la *bonne foi toute moderne* de ce procédé, que, par respect pour moi-même, je n'emploierai jamais (1).

On ne saurait soutenir avec raison que la lettre ne contenait pas ce terme *si décisif*. M. *Lacombe* l'a transcrite en entier, avec cette *qualification en tête*, aux pages 27 à 45 de son opuscule, et le prélat n'a fait aucune réclamation sur ce point, comme sur tous les autres, car il s'est renfermé dans un mutisme complet. Puis, elle avait si bien le *caractère confidentiel*, au lieu de celui d'une *sentence*, qu'elle ne constituait qu'un *compte-rendu* aux *seuls Evêques* des découvertes que Mgr *de Verdun* croyait avoir faites, et qu'il leur écrivait : « Je vous dois, Monseigneur, je dois à mes « collègues dans l'épiscopat un compte exact du résultat de mes « investigations ».

Dira-t-on que la publication presque instantanée de cette lettre dans les journaux lui a donné le caractère et l'importance d'un *jugement?* On aurait tort de parler ainsi. L'Evêque a écrit une *circulaire destinée à rester secrète*, et ne pouvant, pour ce motif, constituer une *sentence*. L'insertion dans les feuilles publiques est provenue, non de lui, mais de l'*indiscrétion* et du *manquement* d'un de ceux qui l'entouraient; et l'on voudrait profiter d'un fait étranger au prélat, d'un abus, d'un acte répréhensible, pour faire d'une simple communication une sentence véritable! Non, cela n'est ni possible, ni rationnel.

(XII) Si Mgr *de Verdun* eut voulu porter un jugement, au lieu de se borner à *rendre compte* à ses confrères de ses recherches et de leur résultat, il aurait, conformément aux prescriptions du Concile de Trente, nommé une *commission épiscopale*, aurait fait, avec elle ou par elle, une enquête *sérieuse*. Or, il n'y a eu ni *commission*, ni *enquête;* donc il n'y a pas eu de *jugement*, et toutes les affirmations du *savant théologien*, comme les airs superbes et triomphants de la *Semaine* (2), ne feront jamais qu'on puisse y voir une *sentence de condamnation*.

(1) Je reproche au *savant théologien* la suppression du mot *confidentielle*, parce qu'il paraît résulter de l'ensemble des choses que c'est lui qui l'a commise. Si la *Semaine liturgique* était l'auteur du fait, c'est à elle que reviendrait ce que j'en dis. *Cuique suum.*

(2) Ces airs superbes et triomphants ont été bien vite remplacés par la

(XIII) Si on lit attentivement la *circulaire épiscopale*, on s'apercevra bien vite que l'Evêque n'a fait porter ses investigations que sur le *Mémoire* du curé, dont il a relevé en bloc les *nombreuses invraisemblances*, les *contradictions palpables* et les *impossibilités*, ainsi que sur la *conduite* de ce prêtre, car il écrit : « C'était « dès lors, pour un Evêque, un devoir d'examiner *ce travail*, et « de faire subir, non seulement au *Mémoire*, mais à *l'auteur lui-* « *même*, l'épreuve d'une critique sévère et consciencieuse ». Le prélat n'a fait enquête que sur le *frère Aubertin ;* il le déclare en propres termes, lorsqu'il dit : « Je m'attachai *exclusivement* à faire « des recherches *sur la personne du frère Aubertin*, dépositaire de « la pièce originale (1), et qui disparaît tout à coup lorsque l'au-« teur du *Mémoire* est sommé d'indiquer la source où il a puisé « les *prévisions* ». Lorsque Mgr de Verdun a été assuré *par des témoignages authentiques déposés à son secrétariat*, comme il le dit, que *frère Aubertin* n'avait jamais appartenu à l'abbaye d'*Orval*, qu'il était décédé le 28 janvier 1837, et non en 1825 ou 1826, il n'est pas allé plus avant, il ne s'est plus occupé de rien. Il le certifie lui-même par ces paroles : « Cette découverte *détruisant* « par sa base le fondement sur lequel reposait le *Mémoire* de « M. D... (2), j'ai cru devoir *me dispenser de recherches ulté-*« *rieures* ». Ces quelques points étant éclaircis, l'Evêque a dit et a dû dire au curé : « Vous avez donc inventé la prophétie dite « d'Orval, vers 1828, puisqu'en février de cette même année vous « en avez réellement donné une copie à Mme Jeanroy ». M. le curé, qui préférait avouer la *fabrication*, qu'il regardait comme « *un*

mauvaise humeur. On lit, en effet, dans la *Semaine* du 27 novembre : « Malgré la note qui, *nous l'espérions vainement*, devait faire cesser « l'*avalanche* des lettres adressées au Directeur de la *Semaine liturgique* « à l'occasion des articles publiés dans cette feuille sur les *prophéties en* « *vogue*, nous continuons à recevoir *toutes sortes de questions à ce su-* *jet* ». Il paraît donc que le public ne se laisse pas faire, puisque la *Semaine* avoue 'avoir *vainement travaillé*. Il en arrive toujours ainsi à ceux qui soutiennent une mauvaise cause. Aussi, *fallait pas qu'y aille.*

(1) *Originale* pour le curé de Belleville, mais *non originale* pour ceux qui en avaient des copies depuis longtemps.

(2) M. le curé de Belleville a soutenu à Paris n'avoir pas fait *librement* l'aveu que contient la circulaire, s'être décidé par contrainte sous la menace d'une interdiction, et avoir refusé de confirmer cet aveu par sa *signature* (Lacombe, p. 116, 117). Quant à moi, je ne puis croire ce qu'il a dit à Paris. *Il avait besoin de cacher la spéculation*, et pour cela, il a dû dire *faussement* qu'il avait composé après coup l'*Histoire de l'Empire*, formé le restant, jusqu'à l'Antéchrist, *avec des lambeaux de prophéties empruntés à des recueils inconnus ;* par là il sauvait sa position.

amusement sans portée », et une « certaine *vanité* » naissant de ce que « le temps s'était chargé de vérifier quelques-unes de ses « *prévisions* », plutôt que de reconnaître qu'il avait agi dans le but *d'une spéculation financière*, a convenu qu'il était *l'inventeur*. Monseigneur a cru cela sur parole ; il n'a pas pensé à contrôler et vérifier un *aveu* qui lui paraissait être la conséquence naturelle et logique des découvertes faites sur le compte du frère *Aubertin*. Il a écrit, *un peu trop vite*, que « les données « principales des *prévisions* avaient été fournies par un prêtre de « son diocèse », et en cet état, il est absolument vrai de dire que sa lettre n'est pas un *jugement* sur la *prophétie d'Orval*, dont elle ne s'occupe pas ; qu'elle n'est pas même l'*expression d'un sentiment*, d'une *simple opinion* sur cette pièce elle-même.

Mgr de Verdun s'est si peu occupé de la prophétie elle-même, que le *Mémoire* lui révélant des *altérations par substitutions et des remplissages*, il ne s'est pas enquis des *termes primitifs*, des *blancs* qui avaient existé (1); qu'il ne s'est pas informé s'il y avait eu des *additions* ; que le curé lui ayant dit avoir « composé la pré-« diction depuis l'Empire, avec des lambeaux d'anciennes pro-« phéties empruntées à des recueils inconnus (pour le public et « non pour lui) il n'a pas demandé le titre de ces recueils, la distinction de ce qu'on avait emprunté à chacun d'eux, et qu'il n'a pas même discuté l'argument puissant qui naissait en faveur des *prévisions*, de leur accomplissement littéral et complet depuis le mois de février 1828 jusqu'au même mois 1849, *c'est-à-dire pendant 21 ans consécutifs*.

(XIV) Il ne reste donc rien, contre la prédiction d'*Orval*, de la circulaire épiscopale. Le *savant théologien* et la *Semaine* ont usé d'une *pure équivoque* sur laquelle le premier a bâti son article. Il y a, en effet, théologien et théologien, comme il y a *fagots et fagots*. Si les uns sont infiniment respectables et font autorité, d'autres sont les plus *subtils*, les plus *intrépides disputeurs* qu'on puisse rencontrer. et sont extrêmement dangereux. La science et l'érudition sont de bonnes choses : la droiture de l'esprit et la sincérité valent beaucoup mieux, et nous conduisent plus sûrement. Il n'est pas étonnant, en cet état, qu'on rencontre des ar-

---

(1) L'Évêque fait dire au curé qu'il a substitué des *mots plus modernes* à des termes *surannés*. Cela est inexact. *C'est le contraire qui est vrai*, Il n'y a qu'à comparer les deux versions pour s'en convaincre. Mais cette erreur concourt à faire penser que la *critique épiscopale a été assez légère et superficielle !*

ticles comme celui de la *Collection des Précis historiques* et des recueils peu réfléchis qni les répètent ; et pour achcver la tâche que je me suis imposée dans l'intérêt de la vérité, pour établir encore mieux l'*inanité* du travail que la *Semaine* oppose, je vais prouver que la fabrication de la prédiction par le curé de Belleville *est fausse et impossible*, soit parce qu'il n'aurait pu, humainement, en 1828, faire des annonces si bien vérifiées par les événements, soit parce que la prophétie, *dans son texte vrai*, existait bien longtemps avant cette époque, et était répandue en France et en Europe plusieurs années avant la naissance (1800) de celui qui l'aurait composée à l'âge de 28 ans.

(XV) Le *savant théologien* dit, au début de son article : « Vu que « l'avenir dépend du gouvernement de ce monde par Dieu, la « connaissance de l'avenir est un attribut exclusif de Dieu... « Dieu peut communiquer cette connaissance aux hommes ; il l'a « fait sous l'Ancien Testament ; il l'a fait et *le fait encore* sous « le Nouveau (1) ».

Mgr de Verdun avait écrit auparavant dans sa *circulaire :* « En « vous faisant cette *communication*, Monseigneur, je n'ai pas, grâce « à Dieu, la pensée de nier que l'esprit prophétique ne puisse en- « core reposer sur l'Eglise de J.-C. Je n'ignore pas qu'à toutes « les grandes époques de l'histoire (2), la divine providence a « daigné, plus d'une fois, soulever le voile qui recouvrait l'ave- « nir, et que souvent l'Esprit de Dieu a révélé *aux âmes les plus* « *simples* des événements éloignés qui échappaient aux *regards* « *perçants du génie* (3) ; et ailleurs : « Le point capital, quand il « s'agit d'une prophétie, c'est d'en établir *l'authenticité*, et de « prouver, par des témoignages irrécusables, qu'elle est certai-

---

(1) Pourquoi donc aucune prophétie ne trouve-t-elle grâce devant le *savant théologien ?* Est-ce que ses *principes* accorderaient ce que repousse sa *conduite ?*

(2) Notre époque, surtout depuis 1789, ne serait-elle pas *assez grande* aux yeux de Mgr *Rossat ?* Il me semble cependant que depuis la conversion du monde à Jésus-Christ, il y a 1800 ans, il n'y en a pas eu de *plus grande*. Mais si elle est si *grande*, pourquoi n'aurait-elle pas ses *prophéties ?*

(3) Mgr Rossat a bien raison : c'est aux âmes *simples*, et non au *génie aux yeux perçants*, que Dieu, quand il le veut, révèle l'avenir. Il ne s'adresse pas *à de savants théologiens*. Qu'on compare le commentaire de l'*Apocalypse* par le *grand Bossuet* avec celui donné, dans le même siècle, par le *vénérable et humble doyen de Bingen, Barthélemy Holzauzer*, on verra les différences.

« nement antérieure aux événements qu'elle annonce », surtout quand ils se sont réalisés (1).

(XVI) Cette dernière réflexion est fort juste ; mais il y a des degrés dans l'authenticité. Dieu peut vouloir que l'auteur d'une prédiction reste dans le *pénombre*, à peu près inconnu. La pièce ne sera pas *authentique* sous ce rapport. Mais s'il est constant qu'elle existait réellement à une certaine époque, dans *un lieu de dépôt connu et bien déterminé*, si les événements futurs, *imprévus et imprévoyables*, qu'elle contient se sont réalisés, *l'authenticité du lieu de dépôt* vaudra, rationnellement, *authenticité pour la prédiction elle-même* ; il sera certain pour toute raison droite, qu'elle vient de Dieu. On ne sera pas tenu de la croire de *foi divine*, comme l'Evangile : mais on pourra croire, de *foi humaine et rationnelle*, qu'elle est une révélation venue du Ciel, sans en pouvoir imposer la croyance à personne, et sans être exposé à être regardé comme *un fou* si on la tient pour une vraie révélation.

(XVII) Cette même réflexion de Mgr *Rossat* aurait pu et dû, toute seule, en l'état des annonces faites, et réalisées pendant 21 ans, de février 1828 à février 1849, mettre le prélat en sérieuse considération, le porter, l'obliger même à aller au fond des choses, et à ne pas paraître consacrer, à défaut d'un examen approfondi, *le brevet d'invention* que s'était donné de lui-même le curé de Belleville, *pour cacher le vrai mobile de sa conduite*, et que le temps, malgré son impitoyable rudesse, s'était si complaisamment *chargé de confirmer*. Mais rien n'a arrêté le vénérable auteur de la circulaire, parce qu'il ne s'était occupé que du *Mémoire* et du *curé*, et non de la *prédiction en elle-même*. C'est pourquoi je dois montrer tout d'abord combien a été exact et complet, dans cette période de temps, l'accomplissement des *prévisions*.

Six mois après la fabrication prétendue de la prédiction, arrivaient, le 16 juin 1828, les ordonnances de Charles X contre les corps religieux enseignants, c'est-à-dire le « Réglement puissant dont Dieu estencore moult faché à cause de ses élus ». On avait vu ensuite « une conspiration criminelle conduite par mains « de compagnies maudites ; des mains d'ouvriers qui, ayant guerroyé dans la grande ville, avaient disposé de la couronne ». On avait vu « le pauvre vieux sang (Charles X) quittant la grande « ville, les fils de Brutus moult gaudissant de leur victoire ;

<hr>

(1) En fait, Mgr de *Verdun* n'a pas tenu compte de cette *réalisation* Il n'y a pas même songé. Le *savant théologien* et la *Semaine* font de même en 1870.

« les servants Dieu criant tout fort à Dieu, qui était, pour ce
« temps-là, sourd à leurs voix ». On avait vu « le coq effacer la
« fleur blanche, un grand devenir et s'appeler le roi du peuple »,
et non du territoire, On avait vu enfin la puissance divine « je-
« tant bas ce grand couronné, parce qu'il n'était pas bien assis,
« après une période de 216 lunes (produit de 18 fois 12 lunes,
« finissant le 5 février 1848) », et l'avènement au pouvoir des
« vrais fils de Brutus » au 24 du même mois.

Toutes ces choses, avec leurs particularités et leurs détails,
ne pouvaient être prévues par la sagesse humaine en février 1828.
Donc l'Evêque de *Verdun* en aurait certainement tenu compte s'il
eut examiné et discuté *la prophétie en elle-même.*

(XVIII) On comprend jusqu'à un certain point qu'à l'époque de
la circulaire on ait négligé de considérer les *prévisions* sous ce
rapport. Mais leur réalisation exacte et complète pendant autres
21 ans (de février 1849 à la fin de 1870) venant se joindre à leur
accomplissement intégral pendant les 21 années antérieures (de
février 1828 à février 1849) devait certainement arrêter le *savan*^{t}
théologien et la *moins savante Semaine de Marseille.* Mais il n'en a pas
été ainsi, et c'est ce qui m'oblige à faire la preuve de l'accomplissement des *prévisions* depuis 1848 jusqu'à présent.

Que sont ces « bêtes » que « les fils de Brutus appellent sur
« eux, et qui les mangent », si ce n'est la présidence triennale
déférée le 10 décembre 1848 à Charles-Louis-Napoléon Bonaparte, lequel « dévore les fils de Brutus » dans l'atroce coup d'État
du 2 décembre 1851? Quel est ce « bruit d'armes », sinon l'insur-
rection de 32 départements français après le 2 décembre? ce
« nombre plein de lunes, avant la fin duquel arrivent en France
« maints guerroyers », n'est-il pas le cycle lunaire (1), comprenant 19 années solaires, allant du 2 décembre 1851 au 2 décembre 1870? N'est-ce pas en août 1870, quatre mois avant la fin
de ce *nombre plein de lunes*, que les « maints guerroyers », les
armées allemandes, se sont rués sur notre coupable et malheu-
reuse patrie pour la mettre *à sec, à sac, à feu et à sang?*

Si l'on passe à *l'alinéa* qui suit, et *dans lequel nous nous trou-
vons en ce moment*, on voit que les annonces sont aussi confir-
mées par les faits. Le *Saint-Siége* est attaqué depuis 11 ans, même

(1) Le cycle lunaire est réellement le *nombre plein de lunes* propre-
ment dit. Pendant 19 ans, les lunes errent et varient constamment pour
les mois, les jours, les heures, les minutes, etc.; ce n'est qu'après la fin du
cycle qu'elles recommencent à se succéder aux mêmes minutes, aux mêmes
heures, aux mêmes jours, aux mêmes mois que dans le *cycle* précédent.

davantage par le protocole du 8 avril 1856. On en voulait à son indépendance temporelle, pour [rendre impossible l'exercice de son pouvoir[spirituel. Les *carbonari* français, qui trônaient aux Tuileries, et les *carbonari* italiens, avaient successivement, et par des attentats divers, diminué les possessions de l'Eglise romaine ; mais maintenant on les lui a enlevées toutes depuis le 20 septembre de la présente année ; on l'a [rendue prisonnière ; c'est pourquoi « la montagne de Dieu est désolée, et crie à Dieu » afin qu'il la délivre.

Les « *Fils de Juda* », c'est-à-dire les membres de la famille *qui a fait la France*, et a régné pendant 1400 ans sur elle, « *crient* « aussi *à Dieu* ». Ils crient « de la terre étrangère », parce qu'ils sont exilés ; ils « crient à Dieu », parce que leur pays est soumis au plus affreux châtiment, à la plus terrible des épreuves, voit tomber sur lui des malheurs si épouvantables, qu'aucun peuple n'en a subi de pareils, et qui sont indiqués par ces « flèches » divines accompagnées d'un « feu ». La colère de Dieu éclate si fortement, parce qu'elle a été « nourrie pendant 10 fois 6 lunes, « et pas encore 6 fois 10 lunes », c'est-à-dire un peu moins de 10 ans lunaires (1), et nous voyons que le 23 mars 1861, *l'unité italienne* (qni présuppose [la disparition du pouvoir temporel du Pape). a été posée par le parlement piémontais, qui a en même temps prononcé la déchéance de la royauté papale, en proclamant Rome capitale de l'Italie. Enfin nous voyons les troupes allemandes, avec leurs « dix rois » ou [princes régnants, entourer assiéger Paris, et réaliser cette annonce terrible ! « Malheur à « toi, grande ville, voici dix rois armés par le Seigneur ».

(XIX) Voilà les annonces, voilà les faits indéniables ? Le tout n'est-il pas identique pour un homme qui n'a pas devant les yeux le bandeau d'un *préjugé* ou d'un *parti pris* ? Les événements extraordinaires qui se passent sous nos yeux pouvaient-ils être prévus. il y a 42 ans (en 1828), par un jeune homme de 28 ans, petit curé ou desservant dans l'obscur village de Belleville ? Et si, comme le disait *Moïse* aux Hébreux (Deutér. 18. 22), comme le Seigneur l'a dit plusieurs fois par la bouche d'Isaïe (ch. 41, v. 22, 23, ch. 44, v. 7, 8, ch. 46, v. 10, ch. 48, v. 3, 5), l'annonce d'un fait, imprévu ou imprévoyable, qui s'est réalisé indique [que cette annonce vient de Dieu, ne doit-on pas, pour être logique, raisonnable, et *suivre l'enseignement exprès des Saintes Ecritures*, penser que les *Prévisions d'un solitaire* viennent réellement du Ciel?

(1) 10 ans lunaires perdent environ 4 mois sur 10 ans solaires.

(XX) Je ferai toutefois remarquer que la réalisation des annonces ne prouve leur divinité que pour les parties accomplies déjà, et que, pour les événements à venir, elle n'établit en faveur de l'origine divine de la prophétie *qu'une forte présomption*, qui, si elle n'entraîne pas une ferme croyance, amènera toujours *l'attention et le respect des esprits justes et des cœurs droits*.

(XXI) Il me reste maintenant à établir que la prédiction d'*Orval* était connue et répandue avant que le curé de Belleville la *fabriquât* et en remit une copie à Mme Jeanroy, avant qu'il la reçut du frère *Aubertin*, avant l'année 1800 qui a vu naître le prétendu inventeur, et même dès l'année 1792.

Le moyen le plus simple et le plus facile pour moi eut été de réimprimer la 4e lettre de M. *Lacombe*, en date du 15 août 1849; mais comme un pareil procédé serait une atteinte à la propriété des héritiers de ce chanoine, je me bornerai à ne citer textuellement que certaines parties de cette lettre.

Ceux qui tentent et ont tenté d'enlever aux écrits du *pieux et savant* chanoine toute autorité, parce qu'ils en avaient besoin, pourraient opposer qu'il n'a recueilli et transcrit dans son opuscule que ce qui était favorable à sa thèse, et qu'il a écarté soigneusement tout ce qui lui était contraire. Mais il n'en a pas été ainsi; ce procédé, *beaucoup trop naturel et condamnable*, a été employé par les *détracteurs de la prophétie*, et non par ses défenseurs. Le fait le prouve, car les lettres de l'auteur de *Méfiance et confiance*, aux pages 72, 78, 81, 82, 103, 104 et 110, relatent des témoignages qui ne sont pas favorables, et que rien n'obligeait à publier.

(XXII) Les moyens consignés dans l'œuvre de M. *Lacombe* sont très-nombreux; mais pour abréger leur exposition, je les diviserai en catégories, suivant leur degré plus ou moins grand de *force probante*.

Cinq attestations, qui se trouvent aux pages 198, 173, 111 et 161, établissent que la prédiction était connue et possédée en copie manuscrite avant 1819, 1816, 1814, 1809, et dès le commencement de la révolution française; mais je n'en ferai pas argument, parce que, soit les noms des témoins, soit les noms de ceux qui ont reçu leurs dires, ne sont indiqués que par des *initiales* ou par leurs *qualités*.

Cinq témoignages, que l'on pourra lire aux pages 164, 175, 182 et 167, ne présentent pas les noms entiers des déclarants; mais ils ont été recueillis, les uns par le R. P. *Deschamps*, jésuite,

— 23 —

qui les a consignés dans deux lettres des 22 et 23 juin 1849 : d'autre part, M. *Jeantin*, président du Tribunal civil de Montmédy, qui les a transmis à l'auteur par sa lettre du 22 du même mois ; d'autres enfin par M. *Perrin*, de Marseille, qui, dans une missive du 13 août 1849, les a fait passer à M. *Lacombe*. Tous ces témoignages établissent que la prédiction était connue en 1818, en 1815, en 1814, en 1812, et dès 1793 ; ils ont une autorité plus grande que ceux de la première catégorie, mais non autorité irréfragable et complète.

Deux attestations qui figurent aux pages 156 et 109, et qui remontent aux années 1827 et 1832, sont fournies par des personnes bien connues, telles que M. *Audin*, auteur des *Vies de Luther* et de *Calvin*, et Mgr de Quélen, archevêque de Paris ; mais ceux qui les ont procurées à M. *Lacombe* ne les ont indiqués que par *la première lettre de leurs noms*, ce qui ne permet pas qu'elles constituent une preuve entière.

Sept témoignages, transcrits aux pages 157, 161, 163, 164, 154, faisant remonter la connaissance de la prophétie à 1833, 1829, 1817, 1814, 1812, 1809, et fournis par deux lettres de M. *Perrin*, de Marseille, déjà nommé, des 15 juillet et 13 août 1849, forment maintenant des preuves complètes, parce qu'on peut actuellement donner le nom des témoins en leur entier ; que M. S..., chanoine honoraire de Toulon, est M. *Sarus* ; que M. C. R. C., à A., est M. *Courault*, curé à *Allauch*, près Marseille ; que M. F... est M. *Frist*, sulpicien ; que M. B. C., à L. C., est M. *Brunet*, curé à la Ciotat, arrondissement de Marseille ; que M. S. B. représentant du peuple, est M. le marquis *Sauvaire de Barthélemy* ; que M. O... est M. *Olivieri*, banquier, et que le P. J., g. c., est le père *Jérôme*, père gardien (alors) des Capucins de notre ville.

Dix-sept attestations, se trouvant aux pages 159, 160, 165, 184, 190, 174, 166, 172, 167, 164, 162, 168 et 158, établissent que la prédiction était connue avant 1826, 1823, 1818, 1816, 1814, 1813, 1812, 1810, 1809, 1806, 1795, 1794, dès 1793 et l'émigration ; elles ont été reçues des déclarants par diverses personnes qui se sont fait connaître, et qui les ont transmises à l'auteur.

Ainsi les Souvenirs du R. P. *Godinot*, jésuite, ont été recueillis par le R. P Deschamps, déjà nommé (lettre Fribourg, 12 mai 1849), ainsi que ceux de Mme *de Ravinel*, nièce de M. de la Salle.

Ceux de Mme *de Villèle*, de Marseille, décédée à la fin de 1848, ont été transmis à l'auteur par moi-même le 2 juin 1849.

. Ceux de Mme la comtesse *de Monthureux-Fiquelmont*, et encore ceux de M. *de la Salle*, l'ont été par M. Etienne de Ravinel, de Nancy, le 11 mai 1849.

Ceux de M. *Rambour*, ancien émigré, curé de Sédan, par M *Jeantin*, président du Tribunal de Montmédy, le 22 juin 1849.

Ceux du religieux espagnol Dom Antonio *Sanz* (et d'un autre prêtre du même pays, qui n'est pas nommé), de M. *Déblieu*, curé à la Seyne (Var); du comte *de Boutourline*, russe catholique, de M. *Eygazier*, de Marseille; de Mme *Gros*, de la même ville; de M. *Falen*, curé de la paroisse da Saint-Ferréol, encore à Marseille, ont été recueillis par M. *Perrin*, et transmis dans les deux lettres des 15 juillet et 13 août 1849.

Et enfin ceux de M. *Neyrac* ou Neyre, curé de Saint-François de Salles, à Lyon, et du Père provincial des Maristes de la même ville, M. A..., sont arrivés à l'auteur par les lettres du R. P. Deschamps des 22 juin et 5 novembre 1849.

Quatorze autres déclarations sont arrivées directement à M. *Lacombe* lui-même. On les trouve aux pages 172, 15, 111, 180, 182, 189, 191, 176. 168, 161, 174, 17, 170. elles établissent que les prévisions étaient connues avant 1827, avant 1823, avant 1820, 1819, 1817, 1816. 1813, 1810, 1809, 1807, 1793, et même dès 1791.

Elles proviennent de Mme *D'Imbert*, supérieure fondatrice des Sœurs de Sainte-Anne, à Feuguerolles, près Agen; de M. *de Lagrelette*, selon M. Mansuy. écrivant à M. Vernet le 17 octobre 1838; de M. *Bac*, missionnaire de France; de Mlle Caroline *Hains*, demeurant à Bordeaux, sœur de M. Hains père, ancien directeur des douanes à Marseille; de M. E, *de Villers*, par une lettre datée de Bordeaux du 16 mai 1849; de M. le baron *de Manonville*, par sa déclaration du 30 mai 1849; de M. le baron *de Damas*, dans sa lettre du 26 du même mois; de Mme *Franchet-Desperey*, veuve d'un ancien préfet de police sous la Restauration, dans sa missive datée de Versailles du 11 juin 1849; de M. *Garo*, curé à Forey-aux-Forges, par sa lettre de Nancy du 17 octobre 1848; de M. Etienne de *Ravinel*, de Nancy, par son envo du 11 mai 1849; de M. Constantin D..., frère du curé de Belleville, inventeur prétendu, dans sa lettre du 23 juillet 1849.

(XXIII) D'autre part, *l'Invariable* de Fribourg (Suisse), rédigé par le comte *O'Mahony*, de sainte et fidèle mémoire, fournit les témoignages de Mgr *Affre* avant qu'il fut devenu Archevêque de Paris (t. 15, 1840, p. 108, 109); celui de M. Rambour, curé de Sédan, déjà nommé (*Ibid.* p. 106, 107); et donne une notice fort intéressante sur la croyance ancienne de Mgr *de Quélen*, prédécesseur de Mgr *Affre* (*Ibid.* p. 106). Je transcrirai ces divers passages après avoir donné copie des témoignages les plus importants qui se trouvent dans les lettres de M. *Lacombe*, et d'une attestation que le pieux chanoine n'a pu publier, et je les ferai suivre de certains développements que je donnerai à ma lettre du 2 juin 1849, et d'une preuve d'un genre tout particulier.

(XXIV) Témoignage de Mlle Hains.

« En 1791, mon père, qui avait à Luxembourg plusieurs de ses parents, entr'autres, M. *Rossignon*, conseiller, y conduisit toute sa famille, composée de son épouse, ses deux fils et ses trois demoiselles. Un de mes frères, ancien directeur des douanes à Marseille habite encore cette dernière ville, avec un notable affaiblissement de ses facultés physiques et intellectnelles ;

« 2° J'avais alors 18 ans. Nous séjournâmes en ces lieux environ 4 ans ;

« 3° Ma jeune sœur fut placée au pensionnat de Notre-Dame. L'abbé d'*Orval*, homme d'un extérieur imposant, s'était réfugié dans la même ville avec ses religieux, que j'appercevais souvent avec leur costume blanc ; et même j'ai vu quelques fois le le Père Abbé lui-même dans la maison des religieuses ;

« 4° Dès lors on parla beaucoup, dans toutes les sociétés, d'une prophétie étonnante que ces Pères avaient apportée de leur abbaye d'Orval. Mes parents en voulurent des copies, à l'exemple de tout le monde ; et j'en ai entendu la lecture bien des fois ;

« 5° mon frère, le plus jeune, en a conservé une pendant un grand nombre d'années ; il en suivait les évènements à mesure qu'ils se développaient ; mais chaque fois qu'il essayait de me communiquer ses pensees, je le conjurais de s'en abstenir, tant j'étais effrayée des malheurs qu'annonçait la prophétie ;

« 6° Ses enfants n'ont pu parvenir à retrouver cette copie, mais l'un d'entr'eux ayant obtenu la reproduction d'une *copie* que M. *Reisson*, de Marseille, reçut, en 1804 ou 1805, de M. Bringier, curé d'Auriol, non loin de cette ville, lequel l'avait rapportée d'Allemagne après l'émigration, et cette dernière copie m'ayant été communiquée. je l'ai reconnue comme la reproduction fidèle de celle que j'en avais entendu lire à Luxembourg, à l'exception du commencement qui annonçait la mort de Louis XVI, laquelle en a été retranchée, et des notes au bas des pages, qu'on y a ajoutées. (Lacombe p. 180 à 182.)

(XXV) Témoignage de M. E. de Villers , neveu de Mlle Hains.

« Le soussigné atteste que, vers l'année 1827, étant à Marseille, son oncle, M. *Hains*, alors directeur des douanes, lui parla d'une révolution qui devait éclater en 1830, et qui devait chasser la branche ainée des Bourbons; que ces évènement étaient annoncés par une prophétie qui avait déjà prédit la première révolution et toutes ses suites.

« Bordeaux, le 16 mai 1849. Signé : E. de VILLERS ». (*Ibid*, p. 182)

(XXVI) Témoignage de M. le baron de *Manonville*, écrit sous sa dictée à M. *Igier* , curé de la paroisse de *Manonvitle*, qui a mis en note ce qui suit :

« Il y a eu trois invasions successives par les soldats français à *Orval*. C'est de l'avant-dernière dont veut parler M. le baron de *Manonville*, ce qui se reporte au 20 mai 1793, le sac et l'incendie de l'abbaye étant du 23 juin suivant ».

Texte de la déclaration du Baron.

« Le jour même de l'évacuation de l'abbaye par les Français , laquelle eut lieu dans la matinée, quelques heures après qu'elle eut été prise et pillée en partie; c'était à la suite de quelques discussions assez vives survenues entre les religieux et les personnes qui étaient là, ainsi que mon frère et moi, sur les causes du malheur qui venait d'arriver, et autres calamités du temps , et au moment du dîner, qui!, cette fois, et sans aucun doute', à raison des circonstances, consista en une mauvaise soupe prise à la gamelle, et en mauvais pain. Un vénérable religieux à cheveux blancs prit tout à coup la parole, et dit : « Messieurs, vous « avez tort de disputer, ce sont des faits qui devaient arriver ; « bien d'autres arriveront encore, et je vais vous le prouver...

« Là dessus il alla chercher un livre, nn véritable livre. à peu près format in–12. relié ou cartonné, et non pas seulement broché, manuscrit ou imprimé. Le témoin pense cependant aujourd'hui qu'il était plutôt imprimé, mais très-sûrement écrit en style gaulois, semblable, sur la foi du souvenir, à celui de la dite Prophétie ou fragments de prophéties dont on a tiré des copies. Le nombre des lunes y était marqué, seulement sans appréciation de leur valeur, ce qui est une nouveauté.

« Il est certain. en outre, que ce livre apporté, M. le baron essaya de le lire (c'est M. Igier qui écrit); mais que ne se trouvant pas assez habile à l'œuvre, il en laissa la tâche au religieux, qui, d'ailleurs, le lisait fort couramment, malgré l'étrangeté des choses et du style. Mais comme [le religieux ne lisait que des faits déjà accomplis en 1793, par exemple la mort du roi et autres faits qui avaient amené cet événement, M. de Manonville fut porté à considérer la prophétie tout entière comme assez peu digne de sa croyance; il en fit même l'observation à l'assistance en termes assez malins, qu'il se reproche un peu aujourd'hui.... Cependant le religieux, continuant à lire, arriva à l'endroit de la prophétie qui a trait aux événements subséquents à 1793. M. de Manonville l'a écouté attentivement jusqu'à ces dernières paroles, qu'il affirme se rappeler... « Dieu met un mur de *fer*. Je « n'y vois plus ».

« Cette partie des prévisions annonçait entre autres le siége et la prise de deux villes, que l'on crut voir se réaliser dans le siége et la prise de Mayence et de Valenciennes, qui eurent lieu l'année suivante. Elle prédisait aussi tout ce qu'on sait aujourd'hui avoir eu lieu par rapport à notre Empereur, ainsi que les rentrées des fils dits de *la Cap*, telles qu'elles s'effectuèrent en 1814 et 1815. Enfin elle faisait connaître la révolution de 1830, et contenait positivement ce passage si singulier, et alors si mystérieux : « mais il était mal assis », et tout ce qui suit, jusqu'à ces mots : « Je n'y vois plus ».

« Il est certain encore que M. de Manonville, qui passa dix ans en émigration, dont sept dans le pays de Luxembourg, habitait en 1793, à Prouvy, chez Mme de Prouvy, non loin d'Orval; que c'est là qu'il fit connaissance de D. Gabriel et de D. Arsène, où il les vit plusieurs fois; que c'est sur leur invitation même que lui et M. Sentier, se rendirent à l'abbaye pour la visiter; et que le jour qu'ils choisirent pour y aller fut malheureusement celui où le quartier abbatial a été attaqué, ainsi que les caves et les et les cuisines. Ils ne firent que cette visite, et ne voulurent plus retourner à l'abbaye.

« Il est certain enfin que le religieux qui fit lecture de la prophétie n'était ni D. Gabriel, ni D. Arsène. Ce Père fit, à M. le baron, l'effet de l'un des chefs de l'ordre. à en juger par l'autorité qu'il sût prendre sur les autres Pères et les laïcs,... ce religieux peut bien être *l'archiviste* ou l'un de ceux que désigne M. *Jeantin*. M. de Manonville déclare ne rien savoir et ne pouvoir rien dire à ce sujet.

« Mais c'est par erreur que l'on a avancé que M. de Manonville se serait trouvé à Luxembourg, en 1793, lors de la lecture qui aurait été faite par D. Gabriel, comme M. le président (M. Jeantin) paraîtrait le croire sur la foi d'autres documents. Il n'y était pas, et il ignore complétement ce fait. Le mode d'après lequel D. Gabriel se serait procuré la prophétie est aussi tout à fait inconnu au témoin. Il pense seulement qu'en sa qualité d'abbé, D. Gabriel a pu s'en faire faire une copie, à défaut du livre lui-même.

« Je certifie que le compte-rendu ci-dessus par M. Igier, curé de Manonvilie, est parfaitement conforme à la dictée que je lui en ai faite et à la vérité des faits dont j'ai été le témoin. Manonville, le 30 mars 1849. (*Signé*) Baron DE MANONVILLE ». (Lacombe, p. 191 à 197).

(XXVII) Témoignage de Mme *Franchet-Desperey.*

« J'ai écrit, au moment du mariage de Napoléon avec l'archiduchesse Marie-Louise, (1809) la prophétie d'*Orval*, sur une copie appartenant à la comtesse A. de *Maulde* qui l'avait en sa possession depuis longues années, j'en ai vu la reproduction imprimée après février 1848. Versailles, 11 juin 1849 ». (Lacombe, p. 168, 169).

(XXVIII). Témoignage de M. *Constantin* D... frère du curé de Belleville, fourni à M. Henri Dujardin lui-même : c'est M. *Dujardin* qui parle :

« Je sus l'adresse de son frère que j'allais voir le 1er juillet 1848... Ses réponses furent celles d'un homme qui dit la vérité. Il ignorait l'existence de l'oracle... Il me dit qu'étant chez son frère où il faisait quelques études, il prenait quelques fois le vieux petit livre de prophéties, pour lire du gaulois ; mais que son frère lui ôta ce sujet de distractions. Il se rappelait très-bien la forme de ce livre, sa grosseur et la manière dont il était couvert. Quant au titre, il ne put me dire s'il en avait un. (Lacombe, p. 16, 17).

Ce dire de l'oracle a été confirmé à M. *Lacombe* par une lettre de Paris du 15 mai 1849.

« M. A. L. de retour de Verdun à Paris, vit un frère du curé qui est ici dans le commerce, et lui demanda de lui dire sur l'honneur, si, en effet, son frère avait composé cette pièce en 1828. Celui-ci lui affima que, dès 1823, il avait lu et relu, lui, alors gamin, cette prophétie d'*Orval* dans un recueil, ou espèce de petit livre manuscrit, et non imprimé, contenant diverses autres prophéties ; qu'il lisait surtout cette pièce pour s'amuser à cause du style, et qu'il s'en *(sic)* rappelait parfaitement. (*Ibid.* p. 17).

Et cètte attestation sur l'existence du petit livre du frère *Aubertin*, d'accord avec celle de M. le vicaire-général *Mansuy*, transcrite ci-dessus page 9, concorde avec ce que le curé de Belleville dit dans son 2ᵉ supplément à l'oracle : (p. 37 à 39), « mon jeune frère Constantin était avec moi, il paraît qu'il lisait dans le petit livre quand je n'étais pas dans ma chambre, j'aurais dû le mettre hors de sa portée, même de sa vue... Un jour, en rentrant, voyant le volume prophétique *en les* mains de mon frère, je le lui pris et lui défendis de l'ouvrir désormais. (*Ibid* p. 16).

(XXIX). Témoignage de M. le Vicaire-général de Verdun, *Mansuy* extrait de sa lettre du 17 oct. 1838 à M. Vernet, supérieur du séminaire St-Sulpice à Vivicr (Ardèche).

« Je viens maintenant au sujet de votre lettre, touchant les *prévisions d'Orval* : Trois circonstances, arrivées de 1809 à 1830, fournissent la matière de ce que les journaux ont raconté : 1°, en 1809, étant vicaire à la *cathédrale de Verdun*, j'appris d'un respectable magistrat, qu'il croyait à un changement prochain, dans les affaires politiques et religieuses et au retour des Bourbons, fondé sur une *prophétie* qu'un de ses intimes amis, homme de foi et de grande piété, avait lue dans l'*Abbaye d'Orval*. Il savait à peu près, par cœur, et racontait *tout ce qui a été communiqué à ce sujet*. Je fis à tous ces récits, une médiocre attention et m'abstins de tout jugement.

« 2°. *Directeur au Séminaire de Nancy en* 1811, je venais à chaque vacance, passer quelques jours à Verdun, où le susdit magistrat me redisait toujours son attente, jusqu'en 1814 qu'il ajouta : *Voilà une partie de la prophétie fidellement accomplie ; attendons le reste de même, quoique cela ne soit guères si beau et si consolant..... ».

« 3ᵉ. En 1817, le même magistrat fut fait prêtre *au Séminaire où j'étais Directeur* ; et il parla de la *prévision*, en tant qu'elle n'était accomplie qu'en partie. et qu'il fallait s'attendre à voir *encore les Bourbons exilés, puis revenir, puis la fleur de lys disparaître pour toujours*.

« Ce digne prêtre mourut en 1823, chanoine-honoraire de Verdun. Ceux de ses parents et de ses amis, qui lui avaient souvent entendu parler de la *prophétie d'Orval*, le racontèrent.

« Le magistrat devenu prêtre, n'a point laissé de copie. Il racontait de mémoire, ce que son ami lui avait lu à *Orval*. Il paraît qu'il y avait eu, dans le temps, des *exemplaires imprimés*, *répandus dans le pays*. Car, un curé, ces années-ci, a eu occasion de remarquer du papier collé sur une alcove de lit, qui portait les paroles de la *prévision* dans les lignes qui pouvaient être déchiffrées » (Prophéties Seguin, 1819* p. 37, Avignon). (Lettre de M. Mansuy, vicaire-général de Verdun, à M. Vernet, supérieur du Grand-Séminaire de Viviers, déjà citée). (Lacombe p. 169, 170).

(XXX). Témoignage de Mgr l'Evêque de St-Claude, émigré, et de M. *Girod* son vicaire-général, recueillis par M. A. Lacordaire.

..... « Mes fonctions m'ont mis en rapport avec Mgr l'Evêque de Saint-Claude, l'un des derniers témoins vivants de certains faits qui paraissent établir d'une manière incontestable, l'origine de cette prophétie (d'Orval); et j'ai pu recueillir, de la bouche même de ce vénérable vieillard, dont l'esprit a conservé toute sa jeunesse, toute son activité, des détails que je suis heureux de vous communiquer, vous priant, Monsieur, de recevoir mes sincères excuses du long silence que j'ai cru devoir garder.

» C'est à l'*Abbaye d'Orval* même, en 1793 que Mgr de Saint-Claude (1), alors en émigration, entendit pour la première fois, parler de la *prophétie*, attribuée à un ancien moine de cette abbaye, et conservée, depuis plusieurs siècles, dans ses archives. Elle y fut *lue devant lui et plus de quarante personnes étrangères au Monastère*. parmi lesquelles, se trouvait un *Prêtre de ses amis*, fuyant, comme lui, la persécution.

« Cet ami demanda au supérieur, et obtint de lui, la permission de *copier la pièce*. Elle contenait non-seulement ce qui est *relatif à la révolution française*, mais encore *tous les événements antérieurs, en remontant jusqu'au personnage inspiré* à qui on doit ces *prévisions*. La lecture en était difficile ; il fallait, à chaque instant, *chercher le sens des mots surannés, rétablir*, en plusieurs places, *le texte à demi effacé, et faire une sorte de traduction*. A ces difficultés s'ajoutait celle plus grave encore, de l'intelligence de *prévisions* aussi compliquées, très-claires, sans doute, pour nous qui voyons les faits accomplis (du moins en grande partie), mais *étranges, incroyables pour ceux qui ne les voyaient que dans les futurs contingents*. Aussi, la nombreuse compagnie, devant laquelle se faisait cette lecture, n'y porta pas grand intérêt.

« Quel était ce personnage mystérieux, cet *homme d'outre-mer* à qui la Providence reservait un si prodigieux rôle? Des gens

____

(1) Mgr de Chamont.

sérieux ne pouvaient, disait-on, s'arrêter un instant devant une telle fantasmagorie... Tous, cependant n'éprouvèrent pas ce sentiment. Les deux amis, jugeant de l'importance de ces *prévisions* pour l'avenir, par ce qui s'en était ponctuellement réalisé pendant un si grand nombre d'années, y reconnurent l'*esprit prophétique*. L'un d'eux vit même, en 1796, que Bonaparte pouvait bien être l'homme de la Providence ; celui qui devait *dominer les fils de Brutus et abaisser les hauts*.

« Pressés par le temps, rebutés peut-être par la difficulté de la transcription, *ils ne prirent* que la *partie des prévisions* qui commence environ à 1796. Cette *copie* fut, par eux, *emportée* dans les pays où s'étendit l'émigration, puis *communiquée* à un grand nombre de personnes qui en prirent des *copies plus ou moins fidèles*, mais, en général, *exactes*, quant aux faits principaux. Le *texte*, *inséré dans l'Invariable*, à une époque récente (1840), a été communiqué au directeur de ce journal, par la *personne même qui se trouvait à l'abbaye d'Orval avec Mgr de Saint-Claude*.

« Quelque temps après, Mgr de Saint-Claude arriva à Vienne (Autriche), et eut entre les mains, le fameux livre de *Holzauser*. Il y vit, avec une profonde surprise, que nombre de passages *prophétiques* coïncidaient avec la *prophétie d'Orval*, et présentaient la plupart des faits avec un développement plus grand que cette dernière. Il fit une traduction de ce livre en français, et fut aidé des conseils de *huit évêques français*, exilés comme lui et résidant à Vienne. Cette traduction, communiquée à la Cour impériale, s'y trouvait encore à l'époque de la prise de Vienne par les français. Elle y fut lue par Napoléon, passa, de main en main, parmi les personnes de sa suite, puis disparut et ne put être recouvrée par son auteur.

« Je crois, Monsieur, vous avoir fidèlement rapporté ce qu'à bien voulu me raconter Mgr l'évêque de Saint-Claude, en *présence de M. Girod, vicaire-général*, qui, de son côté, a eu la bonté de me communiquer une *copie* de la *prophétie d'Orval*, conservée depuis 1816, par M. le curé de la Rixouse, près Saint-Claude. J'ai comparé cette *copie* au texte que vous donnez dans la 2ᵐᵉ partie de votre ouvrage, sous la lettre *B*, et je n'y ai trouvé aucune différence » (A Lacordaire, architecte diocésain de Besançon et de Saint-Claude ; lettre datée de Savigny, le 6 septembre 1849).

« Il résulte, des propres paroles de Mgr l'évêque de Saint-Claude, que la *copie*, faite, *sous ses yeux, sur le manuscrit original, par l'ami* qui l'accompagnait alors, en émigration, fut *conservée* par ce dernier, puis *communiquée* à un certain nombre de personnes qui purent à leur tour, en prendre *copie*, et répandre la *prophétie*, tant en France que dans les divers lieux où s'ètendii l'émigration ». (Le même, du 16 septembre). (Lacombe, p. 184 à 188)·

(XXXI). Témoignage de M. le marquis de la *Sudrie*, arrivé trop tard à M. Lacombe, pour qu'il pût le copier.

« Je déclare que, au mois d'août 1850, ayant appris par M. de Moncade, mon voisin et mon ami, que M. Timothée Lacombe, chanoine titulaire de Bordeaux, auquel j'avais déjà écrit relativement à la prophétie d'Orval, était en même temps que lui à Castera-de-Verduzan (Gers) pour l'usage des sources thermales, j'envoyai à ce dernier ma voiture, en le priant de se rendre en mon château de la Salle, près Montréal, pour en conférer avec lui, et que là, vu ma difficulté d'écrire par raison de mon âge avancé (84 ans), je l'engageai à reproduire lui-même fidèlement mes souvenirs sur cet objet, et que, le 21 du même mois, il écrivit sous ma dictée ce qui suit :

« Au mois d'août 1792, toutes les familles honorables de la Lorraine, du pays messin et des trois évêchés, se retiraient en masse dans le duché de Luxembourg voisin. Plusieurs colonnes de l'armée française s'avancèrent vers cette place, comme pour la cerner. Le génèral *Bender*, qui la commandait, les attira dans les gorges de Bouillon.

« J'étais à Coblentz, à l'armée des princes, où je servais dans les *Mousquetaires*.

« Je me rendis à Luxembourg pour voir les amis que j'avais connus à Metz, où j'étais demeuré cinq ans, en garnison dans le régiment de Bourbonnais. Je m'y trouvai même pendant trois ans avec Bonaparte, alors assez taciturne. Très-souvent, au café, j'échangeai ma gazette avec lui.

« Une nombreuse et illustre société, composée d'Allemands et de Français, et même d'un grand nombre de dames, était rassemblée pendant une soirée des seuls trois jours que je demeurai à Luxembourg dans les salons du maréchal de Bender ; il y avait peut-être 200 personnes, car ses salons étaient tellement pleins qu'à peine pouvait-on y trouver un passage.

« Alors l'abbé d'Orval, suivi de deux ou trois religieux assez jeunes, se présenta au milieu d'eux, et parla au maréchal de Bender, âgé de plus de 60 ans, d'une prophétie très-singulière. Le maréchal s'en moqua, en tournant les talons d'un air dédaigneux, et se retira dans une autre salle.

« Les invités, au nombre desquels était M. de Beaurepaire, chanoine de Metz, avec toute sa famille, exprimèrent un vif désir de connaître cette prophétie. M. de Ficquelmont, lieutenant au régiment de Nassau, infanterie, s'offrit de la lire en même temps en allemand et en français. Il avait un organe très-sonore.

« Alors chacun de nous se mit en devoir d'écrire sur des tables à jeu placées le long des murs ; M. de Ficquelmont se tenant debout sur deux chaises, un pied sur l'une et un sur l'autre, à l'un des angles. Tout le monde l'engagea à négliger ce qui était déjà arrivé, comme la mort du roi Stanislas, duc de Lorraine, et à passer sous silence la mort de Louis XVI, qui y était annoncée.

« Mᵐᵉ la comtesse de Beaurepaire, Mᵐᵉ de Rosilleul, née de Rancourt, à Metz ; Mˡˡᵉ de Courcelles, de Nancy, qui avait épousé M. de Lamothe, commissaire des guerres à Metz ; M. de la Salle, commissaire ordonnateur à Metz, et un grand nombre d'autres personnes qualifiées en prirent copie.

« Je ne demeurai que trois jours à Luxembourg, et repartis pour Coblentz, sans me représenter chez le maréchal de Bender.

« J'accordai des transcriptions de ma copie à plusieurs personnes, entre autres à M. de Coucy de Montréal, au marquis d'Oraisons, capitaine des chasseurs, sortant des carabiniers de France ; à M. de la Chamardière, ancien mousquetaire ; à M. d'Aon. ancien mousquetaire de Normandie ; M. Coatquen, marquis de Mallais, en prit une copie à Andernach, ainsi que le marquis de Villeneuve, des environs de Toulouse ; le vicomte de Vergennes, qui commandait la 5ᵉ brigade des mousquetaires ; M. de la Sudrie, major d'infanterie, et presque tous les officiers du régiment de Bourbonnais et partie de ceux de Beauvoisis, qui formaient les compagnies nᵒˢ 6 et 13 des chasseurs nobles de l'armée de Condé, où j'ai fait mon service pendant les années 1794, 95, 96 et 97.

« Certifié véritable au château de la Salle, près Montréal, le 16 janvier 1851.

« Signé : M. DE LA SUDRIE,
« Chevalier de Saint-Louis. »

(XXXII) Données fournies par l'*Invariable*.

Voici, en peu de mots, l'historique de cette prophétie, tel que le donne le *Journal des Villes et Campagnes*, avec quelques renseignements sur son authenticité :

« Cette prophétie, que nous avons publiée les premiers dans notre numéro du 20 juin, et que plusieurs journaux ont reproduite, a excité parmi nos lecteurs une très-vive sensation. Quelques-uns, frappés des événements qu'elle annonce, nous ont demandé des renseignements sur son authenticité. Voici ceux que nous pouvons leur fournir. Ils sont extraits d'une lettre affirmative, écrite par le plus noble et le plus consciencieux savant de la province de Lorraine :

« L'abbaye d'Orval, de l'ordre de Citaux, est située dans le diocèse de Trèves, frontière du Luxembourg. (Il existe un ouvrage des mieux intîtulés : *Les saintes Montagnes et Collines d'Orval et de Clairvaux*, par André Vulladier, abbé de Saint-Arnould, de Metz, — Luxembourg, 1629, in-4e).

« Lorsque les Français révolutionnaires vinrent faire le blocus de Luxembourg, où commandait le maréchal de Bender, et où s'étaient réfugiés un grand nombre d'émigrés lorrains, l'abbé d'Orval et ses moines arrivèrent dans la place avec leurs vases sacrés, leurs ornements les plus précieux et une partie de leurs archives, qu'ils apportèrent dans leur *refuge*. (On appelait ainsi les maisons que les monastères des environs possédaient à Luxembourg, en cas de siége).

« Au bout de quelques jours, l'abbé, en mettant en ordre les papiers qu'il avait sauvés, trouva les *Prévisions d'un solitaire*, imprimées en 1544, et attribuées à un moine appelé Philippe Olivarius. Il l'apporta au maréchal de Bender qui, dit-on, en rit beaucoup. Mais les Français de distinction qui se trouvaient dans son salon en prirent des copies qui se répandirent dans toute la ville et au-delà.

« La mort de Louis XVI, si bien annoncée dans ces prévisions leur donna une vogue extraordinaire. Mme la comtesse Adèle de Ficquelmont, chanoinesse de Porchais, en émigration avec son père, en entendit lire des copies chez le comte de la Tour, son oncle (depuis ministre de la guerre à Vienne). Elle épousa, à son retour en France, le comte de Monthureux-Ficquelmont.

« M. le baron de M***, ex-colonel au service d'Autriche, alors en garnison à Luxembourg, en a entendu parler à la même époque, vers 1792. La comtesse Alexandrine de Raigecourt, chanoinesse de Saint-Louis, à Metz, affirme l'avoir entendu lire à son chapitre, *lors de l'émigration*. Un chevalier de Saint-Louis, M. D***, de Nancy, en possède une copie prise sur celle que sa mère eut à Luxembourg, à la même époque.

« Enfin, une vieille religieuse qui existe à Trouard, près de Nancy, prétend en posséder une autre qui date de ce temps. En dernier lieu, voici l'extrait d'une lettre adressée le 4 novembre 1831 à M. de La S***, de Nancy, chevalier de Saint-Louis, par M. l'abbé Mansuy, grand-vicaire de l'évêché de Verdun : « La « prévision d'Orval me fut communiquée par un prêtre bien « respectable, qui l'avait vue à *Orval, au moment de la Révolu-* « *tion,* et étant encore laïque.

« Toutes les personnes dont je parle sont dignes de foi ». (*Journal des Villes et des Campagnes* du 18 juillet 1839. — 25ᵉ année, nᵒ 100).

Cette notice confirme une partie des faits que nous connaissions antérieurement, et particulièrement ce qui nous avait été dit, que cette prédiction, écrite en 1544, annonçait les événements *depuis cette époque*, mais que lorsqu'elle fut retrouvée, au commencement de la Révolution, la plupart des copistes eurent la malencontreuse négligence d'omettre la partie *déjà accomplie alors*, se contentant de transcrire seulement la partie *qui restait à accomplir*. C'est ce que prouve cette phrase de la notice : « La « mort de Louis XVI, *si bien annoncée* dans ces prévisions, etc ». Or, il n'en est question dans aucune des copies parvenues jusqu' nous, et toutes commencent au *jeune homme venu d'outremer* (Bonaparte), et à son expédition dans *la terre de captivité*. (L'Egypte). *Invariable*, t. p. 181 à 182.

Dès l'année 1816, la Prédiction d'Orval était connue à Bar-le-Duc, d'un assez grand nombre de personnes, qui en donnèrent à M. le chanoine de ***, une copie qu'il communiqua en 1813 à M. de L .... Celui-ci, bien qu'il ne pût élever aucun doute sur l'exactitude d'un tel témoignage, en voulut recueillir d'autres ; et après avoir obtenu directement, de la part d'habitants de Bar-le-Duc, de nouvelles attestations confirmatives, il s'adressa à M. le curé de Montmédy. (ville assez voisine de l'ancienne abbaye d'Orval), et depuis chanoine et grand-vicaire de Verdun, M. Huard, lequel, après un long délai, lui répondit en date du 29 août 1833 :

« Dans ma paroisse est une sainte personne qui ajoute une foi « ntière à ces prévisions. Je ne la blâme point, je la laisse dans « sa pieuse croyance ; mais je vous avoue que *je ne partage pas* « *sa persuasion.* » Nous citons cette première réponse, parce que la disposition *à ne pas croire* qui est exprimée, ajoutera beaucoup d'autorité à l'opinion émise dans les lettres suivantes.

M. de L...., de plus en plus persuadé de l'importance de renseignements puisés à une source si peu suspecte de crédulité, en sollicita de nouveaux de M. le curé de Montmédy, qui lui écrivit le 4 avril 1835 : « Si j'ai mis un peu de temps à répondre à la lettre « que vous m'avez fait l'honneur de m'écrire, c'est qu'il ma fallu « recueillir divers renseignements que je n'ai pu me procurer sur « les lieux, et j'ai dû les puiser à différentes sources, afin de « pouvoir vous donner *quelque chose de certain* sur l'objet de « votre lettre. Or, voici le résultat de mes recherches. *Il est cer-* « *tain et hors de doute* que les PRÉVISIONS D'UN SOLITAIRE, *telles que* « *vous les connaissez,* ont été écrites dans l'abbaye d'Orval *avant* « *la révolution française, c'est-à-dire avant* 1790 : elles ont été *pré-* « *sentées* et *lues* dans l'abbaye même *à cette époque.* M. le Baron de » Manonville, homme de sens et de religion, *atteste les y avoir* « *lues* sans y attacher l'importance qu'il y a reconnue depuis. *Des* « *dames émigrées en ont eu connaissance aussi dans leur exil.* Bien des « ecclésiastiques, entre autres M. le curé de Sedan, M. Rambour, « *en a eu certainement connaissance avant la révolution de* 1830. IL « RESTE DONC BIEN ÉTABLI *que cette prophétie, telle qu'elle est connue* « *aujourd'hui, remonte à une époque plus reculée que les faits qu'elle* « *précise d'une manière si claire, qu'elle paraîtrait avoir été faite après* « *l'évènement ; en conséquence, un esprit sage et judicieux* PEUT Y « AJOUTER FOI PLEINE ET ENTIÈRE ».

M. de L.... ne s'en tint pas là. Apprenant par cette seconde réponse « que M. le curé de Sedan avait eu connaissance de la « prédiction avant la révolution de 1830, » il s'adressa directe- ment à lui, et en reçut une réponse dont voici le passage le plus remarquable : « J'ai entendu souvent parler de ces PRÉVISIONS, « *même pendant mon émigration,* sans en avoir vu le texte. *Ce n'est* « *que sous la restauration qu'il m'a été communiqué,* comprenant « tout ce qui regarde Napoléon, le retour des Bourbons, *leur* « *départ, et tout le reste* jusqu'à l'apparition de l'Antechrist. Orval, « où j'ai passé quelques instants avant la première révolution, « n'est qu'à six lieues d'ici ; j'ai eu occasion d'y retourner pour « en voir les ruines, et *je me suis trouvé à portée de prendre tous les* « *documents relatifs à cette pièce si intéressante.* JE SUIS ASSURÉ *que* « *les plus considérables et* LES PLUS DIGNES DE FOI *dans nos contrées* « *et ailleurs, y ont la plus grande confiance,* QUE JE PARTAGE MOI- « MÊME.

De son côté, M. le curé de Montmédy n'avait pas discontinué ses recherches. Ayant appris en 1835, d'une personne qui connaissait dès longtemps aussi la prédiction, « qu'il existait encore en Bel-

« gique un ancien religieux de l'abbaye d'Orval, le Père Arsène,
« qui probablement possédait ce document précieux et pourrait
« donner de nouveaux détails », il prit le parti d'aller l'interroger
lui-même ; et le 16 novembre, M de L.... apprit le résultat de
cette démarche par la lettre suivante : « Le Père Arsène était le
« plus jeune du couvent, lorsque en 1790, on chassa de leur soli-
« tude ces pieux cénobites. Il n'a point vu il n'a point lu alors
« la prophétie ; *mais il se rappelle que, parmi les religieux, on par-*
« *lait à cette époque de prophéties émanées d'un Père mort, il y avait*
« *bien des années.* Ainsi, quoique son témoignage n'ait rien de
« bien précis, cependant il ne laisse pas de corroborer, dans ce
« qu'il a de vague, les autres témoignages *si positifs* que je
« vous ai cités dans mes lettres précédentes, *et si certains, qu'il*
« *nous est impossible de les révoquer en doute, sans ébranler la base*
« *de la certitude historique* ».

Enfin, de plus en plus affermi dans sa confiance en cette prédiction, à laquelle pourtant (il ne faut pas l'oublier) il ne croyait
pas en 1833, et à laquelle il n'a cru qu'a mesure que les témoignages les plus certains, les documents les plus authentiques
lui ont été donnés, M. le curé de Montmédy, s'appuyant sur
d'autres autorités graves, recueillies depuis, écrivait encore il y
a un an, c'est-à-dire le 23 septembre 1839, à M. de L..... : « Les
« *Prévisions du Solitaire d'Orval* ont singulièrement attiré, depuis
« un certain temps, l'attention de plusieurs personnages haut.
« placés dans le clergé. Mgr. l'Archevêque de Paris en a demandé
« des copies : il paraît ajouter une foi pleine et entière à cette
« pièce. Sa conviction est partagée par bien des prêtres distin-
« gués pour leurs lumières, et par beaucoup de fidèles que leur
« pitié recommande à l'estime de tous (1). (*Inavriable*, t. p. 105
à 108.)

(1) Puisque l'on cite ici l'opinion de M. de Quélen, ce saint prélat dont
la perte a été si profondément sentie et le sera de jour en jour davantage,
nous aussi nous pouvons, maintenant que nos paroles ne peuvent plus le
compromettre, ajouter notre témoignage personnel à celui de M. le curé de
Montmédy. Dans une visite que nous eûmes l'honneur de lui faire en mai
1837, M. l'Archevêque de Paris mit presqu'aussitôt l'entretien sur la Prédiction d'Orval Il nous dit la tenir de M. l'abbé M***, qui la connaissait depuis
1811 ou 1813. Il cita plusieurs des évènements prédits et déjà accomplis ;
puis il ajouta : « Au reste, nous pourrons avoir bientôt une nouvelle preuve ;
« car nous arrivons à l'endroit de la prophétie où il est dit : *Mais il n'était*
« *pas bien assis, et voilà que Dieu le jette bas* ». Puis, sur la citation que
nous fîmes d'un autre passage, où nous avions substitué à un mot, un autre
mot presque synonyme, il nous reprit vivement, et rétablit l'expression

(XXXIII). A toutes ces preuves je vais joindre des *souvenirs personnels,* en entrant dans beaucoup plus de détails que je ne l'ai pas fait dans ma lettre à M. *Lacombe,* du 2 juin 1849.

J'avais un grand-oncle maternel, l'*abbé Chaulan,* ancien curé de Roquevaire, diocèse de Marseille, mort en 1812 à Aubagne, dans le même diocèse.

Cet oncle avait une copie de la prédiction d'*Orval,* qu'il tenait probablement de M. *Bringier,* Recteur de la paroisse d'Auriol, dépendante de la cure en titre de Roquevaire.

Après la mort de cet oncle, ma mère, fille d'un de ses frères, récueillit parmi ses papiers, cette copie, et mourut elle-même le 3 septembre 1821, alors que j'avais un peu moins de 11 ans, étant né le 21 octobre 1810.

Pendant les dernières années de sa vie, cette lecture m'amusait; j'aimais à entendre ces mots : « piétons et cavaliers portant aigle « et sang avec lui courront autant que moucherons dans les airs » qui me faisaient *image.* Lorsque je sortais avec mes parents, je regardais toujours pour voir si je n'appercevais pas dans l'air ces *piétons et ces cavaliers.* Mon père s'en étonnait ; je lui disais le motif de ma conduite, et ma mère en concluait que j'aurais une bonne mémoire. Ma mère étant morte d'une maladie qui pouvait se communiquer mon père brûla ses livres et ses papiers, parmi lesquels devait être la *prédiction.*

En 1839, dans le 14° volume de l'*Invariable,* je reçus le texte de la prophétie ; je le comparai avec mes *souvenirs* et le trouvai conforme. Je demandai à mon père (qui a vécu jusqu'au 3 mars 1855) la copie de ma mère, il me dit pourquoi elle n'existait plus.

Ce que je viens de dire est peu important ; mais ce qui suit l'est bien d'avantage.

Vers l'année 1840, je portai mon 14° volume de l'*Invariable* en

textuelle. Cette correction munitieuse, faite aussitôt et de mémoire, nous prouva avec quelle exacte attention il avait lu et retenu la prédiction.

A cette autorité, nous pourrions en ajouter un autre, sinon du même *poids,* du moins de la même *nature.* L'an dernier, à Paris un ecclésiastique, alors simple prêtre, mais depuis élevé à l'épiscopat sur un siège très-éminent, causant avec nous en petit comité d'amis communs, se montra aussi fort préoccupé de la Prédiction d'Orval, et paticulièrement de ce même passage : *Mais il n'était pas bien assis et voilà que Dieu le jète bas;* passage dont il semblait même attendre l'accomplissement avec quelque impatience. Peut-être aujourd'hui, dans sa nouvelle position, et tout entier aux soins nombreux que réclame son troupeau, ce prélat ne pense-t-il plus à la prédiction. Mais nous, qui n'avons rien de mieux à faire que de nous souvenir, nous n'avons pas oublié la confiance qu'elle lui inspirait *alors,* et qui fortifie celle qu'elle nous inspire *toujours.* (*Invariable,* t. 15, p. 107, 109.(

'étude de M⁰ *Gavot*, notaire, chez lequel travaillait alors, comme second clerc, M. de *Villele*, fils cadet, qu'est devenu lui-même notaire à Châtèau-Renard, (Bouches-du-Rhône). M. de *Villele* m'entendant lire cette pièce, me dit que sa mère, qui vivait encore, (puisqu'elle est décédée dans le 2ᵉ semestre de 1848), l'avait rapporté de l'Emigration. Sur ma prière, il apporta la copie maternelle, écrite sur du papier très vieux et usé. Nous la comparâmes avec le texte imprimé, et nous les trouvâmes en conformité complète.

La publication des diverss opuscules de M. *Lacombe*, ayant pour titre *méfiance* et *confiance*, me mit en rapport avec lui en 1848 ; je me chargeai, concurremment avec un ami, M. *Perrin*, qui est si souvent nommé dans les pages qui précèdent, de faire des nouvelles recherches. M. *Perrin* fit de nombreuses et importantes découvertes, comme on a pû le voir. Quand à moi, qui avais moins de temps, je me bornai à voir la famille *Hains* de Marseille, que je connaissais bien ; et j'établis des rapports avec M. *Reisson*, peintre en tableaux, dont je parlerai tantôt.

M. *Hains*, frère de Mˡˡᵉ Caroline *Hains* de Bordeaux, et oncle de M. E. de *Villers*, ne pouvait à cause de son état, physique et intellectuel, fournir lui-même aucun renseignement. Mˡˡᵉ S. *Hains*, la plus jeune de ses filles, depuis lors religieuse de la Visitation, me répondit à la place de son père, d'après ce que ce dernier avait toujours dit à sa famille ; elle me montra sa *prédiction manuscrite*, déclara que la copie que son père avait faite lui-même, à Orval, de 1791 à 1793, avait été égarée ; que celle qu'elle présentait avait été prise pour remplacer la première, sur la copie de Mˑ *Reisson*, homme d'une rare piété, et elle affirma l'entière conformité des deux copies, qui contenaient le texte du 14ᵉ volume de l'*Invariable*, et non celui du quinzième.

Quant à M. *Reisson*, il me remit lui-même sa copie, écrite sur un papier fort, raboteux, ancien, ayant une couleur presque bleue, et me dit qu'il l'avait prise lui-même sur la copie de M. *Bringier*, curé d'Auriol, en 1805, pendant qu'il était employé a réparer les tableaux de l'église, et l'examen des comptes de la fabrique prouva qu'en effet, à cette époque, ces tableaux avaient été remis a neuf par M. *Reisson*. Certains indices avaient pû faire soupçonner d'abord que la copie de M. *Reisson* n'avait pas la date de 1805, que celle de cette époque ayant été perdue, avait été remplacée par une copie nouvelle prise sur le premier texte imprimé de l'*Invariable*. M. *Perrin* a parlé dans ses lettres à

M. *Lacombe*, des doutes qu'il s'était faits à ce sujet, par suite de l'identité des notes qui existaient sur cette copie et sur l'imprimé de l'*Invariable*. mais ces doutes ne me parraissent pas fondés, parce que l'honnête et scrupuleux M. *Reisson* m'a toujours affirmé n'avoir eu, depuis 1805, que la copie à moi remise, provenant de celle de M. *Bringier* (1) ; parce que la nature du papier sur lequel elle était écrite l'indiquait toute seule puisqu'on n'en fabriquait plus de pareil depuis longtemps ; parce que l'état matériel de la pièce prouvait qu'elle était très vieille et écrite depuis de longues années, parce que, tandis que l'*Invariable* comptait *huit* notes au bas des pages, la copie *Reisson* n'en avait que *cinq* qui se trouvaient réunies à la fin ; parce que l'identité, quant aux termes, entre les cinq notes de la copie *Reisson* et cinq des huit notes de l'*Invariable* n'était pas à considérer, ces *termes étant forcés*, et se trouvant tels quels, sur des copies antérieure à la première publication faite dans le recueil de Fribourg ; parce que, enfin, comme la déclaration de M. le *baron de Manonville*, cette même copie *Reisson*, finissait par ces mots : « un mur de fer. » Et que si M. *Reisson* eut copié l'*Invariable*, il aurait écrit : « un mur de feu » et non de fer (2).

Tels sont mes souvenirs exacts et précis. Ceux qui me connaissent savent que je n'oublie pas ce que j'ai une fois sû. Les détails que j'ai donnés sont autant *d'affirmations positives*. Je me rappelle très bien les circonstances, même secondaires, des divers faits que j'ai cités ; et l'on voudrait que je reconnusse le contraire de ce que je sais, parce qu'un évêque a pensé, par erreur, sans aucun examen, que ce *contraire* était la vérité, parce qu'il a crû sur parole un curé qui, ayant menti déjà au public, lui mentait à lui-même pour ne pas dévoiler la cause peu avouable de sa conduite, et qui pour rendre sa cause moins mauvaise était tout naturellement amené à convenir qu'il avait fabriqué lui-même la prophétie en 1828; non ! cela n'est pas possible, Mgr de Verdun, ou tout autre à sa place, maintenant, comme auparavant,

(1) J'ai cité les témoignages de M. *Brunet*, curé à la Ciotat, et de M. *Falen*, curé de Saint-Ferréol, à Marseille. Ils remontent tous deux à M. Bringier, curé d'Auriol, dont ces deux curés ont été vicaires, le premier, de 1814 à 1817, et le second en 1818. C'est ainsi qu'ils ont connu la prédiction.

(2) Cependant il peut se faire que M. *Reisson*, voyant sa copie primitive dans un état de délabrement complet, l'ait recopiée sur un nouveau papier, et n'ait pas gardé le souvenir de ce fait, peu important pour lui, puisque le texte était le même. Je crois qu'il a dû en être ainsi.

auraient beau dire, publier, juger qu'il en est comme l'a dit le curé de Belleville ; je leur répondrai toujours qu'il ne s'agit pas de choses obligatoires, c'est-à-dire, de *foi ou de morale*, mais de matières libres ; que ce que je rapporte est une *série de faits, qu'on n'argumente pas contre les faits* ; qu'un jugement contraire à ces faits, reposerait sur une base fausse, et qu'on ne serait jamais tenu de croire, en vertu d'un jugement épiscopal, qu'il fait nuit en plein midi.

(XXXIV) Voici maintenant, et pour en finir, une preuve d'un autre ordre, dont M. *Lacombe* parle trop succintement aux p. 151 et 152 de ses quatre lettres.

Les recueils de prédictions en contiennent une commençant par ces mots : « La *Gaule Itale* » et que, pour ces motifs, on appelle de ce nom. Elle est attribuée à un docteur en médecine, chirurgien et astrologue. qui aurait porté, aussi, le nom d'*Olivarius*, et remonterait dit-on, à 1542, bien voisin de 1544.

Quand on compare la *Gaule Itale* aux *prévisions*, on s'apperçoit bien vite que la premiére n'est que la seconde défigurée, accommodée, et qu'elle suppose par conséquent la *préexistence de la seconde*,

La *Gaule Itale* a été publiée en 1820, dans les *mémoires de l'impératrice Joséphine par Mademoiselle Lenormand*, et publiée de nouveau, en 1827, dans une nouvelle édition de ces *mémoires*, où elle figure au t. 5. p. 469. Or cette publication est antérieure à l'invention que le curé de Belleville aurait faite des prévisions en 1828 : donc cette invention est une fausseté. Mais comme ces *mémoires* sont ceux de *Joséphine*, que Mlle *Lenormand* ne fait que rapporter, il en résulte que la *Gaule Itale* et par suite, les *prévisions* étaient antérieures à 1814, année durant laquelle est décédée la première femme de Napoléon premier.

D'après ces *mémoires*, Napoléon possédait lui-même cette pièce depuis 1805, peu après son sacre. Mlle *Lenormand* écrit à ce sujet : « de retour en France (revenant de l'expédition d'Egypte) « Bonaparte oublia bientôt l'égyptienne et ses prédictions. lors « de son retour de l'île d'Elbe, il se rappela les coquillages et « leur étrange signification ; il en reparla au colonel *Abdalah*. « Je n'ai jamais voulu rien croire, disait-il, mais je conviens ici « de bonne foi qu'il est des choses au-dessus de la portée des « hommes. Malgré leur rare perpicacité, ils ne peuvent jamais « les approfondir, témoins cette *singulière prophétie trouvée chez* « *les Bénédictins soustraite pendant la révolution et que j'ai entre les*

« *mains*…. En vérité nous devrions nous en rapporter pour tout à
« celui qui régit l'univers, et faire notre profit des étincelles de
« lumières reparties par fois sur quelques êtres privilégiés, pour
« nous éclairer sur la route véritable qu'il faut suivre, et nous
« prévenir des écueils que nous pourrions y rencontrer. »

Enfin. d'après le feuilleton de M. *Bareste* dans le *capitole* de
Toulouse, la *Gaule Itale* fut découverte, dans un livre de prophéties, par *François de Metz*, cousin de *François de Neufchâteau*,
secrétaire général de la commune de Paris, parmi les ouvrages
pillés dans les bibliothèques des couvents, notamment des *Bénédictins. François de Metz*, chargé du classement des livres copia,
la prédiction en 1793.

Il résulte donc de qui précède, que les prévisious, sur lesquelles a été calquée la *Gaule Itale* étaient connues dés 1793, et
bien auparavant.

(XXXV) J'ai achevé la défense des *prévisions d'un solitaire*, et
crois avoir prouvé qu'elles sont antérieures anx événements,
parfaitement réalisés, qu'elles annonceut, et que par suite elles ne
sauraient prévenir d'une invention humaine faite en 1828. Que
pèse devant la *droite raison* la déclaration dominée, et fausse du
curé de Belleville qui n'a été ni vérifiée, ni contrôlée par son
évêque, eu face de cette nuée de témoins aussi respectables que
respectés ? Quelle autorité pent avoir sur un point, le dire d'un
prélat qui ajoute une *foi aveugle* au prétendu *aveu* d'un prêtre,
ayant déjà menti, intéressé à mentir encore *pour sauver au moins
son honneur de prêtre*, et n'être taxé que d'un acte de légèreté,
d'un amusement sans portée ? que vaut le sentiment d'un chef de
diocèse, qui y est arrivé depuis peu, en ignore *l'histoire et les traditions*, ne consulte aucun de ceux qui pouvaient le renseigner,et
qui déclare *naïvement* s'être *dispensé de s'occuper de la question*
principale, celle de la prédiction elle-même qui lui était réellement soumise ? est-il possible à un homme de sens de ne pas
tenir compte des annonces faites depuis 70 ans, 42 ans au moins
et parfaitement réalisées ? Agir ainsi ne serait-ce pas *méconnaître
l'enseignement constant des saintes écritures ?*

Les preuves que j'ai données, surtout d'après M. le chanoine
Lacombe, sont irréfragables ; on n'y répondra pas, mais, en *vrais
sourds volontaires*, on agira tout comme si aucune réfutation ne
s'était produite, afin de conserver les *rares adhérents* qu'on aura
conquis par *l'influence d'une position*. On continuera à travailler
dans l'ombre, comme des Termites, à dénigrer *très charitablement*,

un chanoine dont on redoute les écrits, des hommes que l'on ne séduit pas, qu'on n'intimide pas, et qui résistent toujours à ce qui est mauvais. On se conduira ainsi, parce que, malgré ce qui paraît au dehors, on n'a pas le *vieil esprit catholique*, qu'on a bu, sans s'en douter, à la coupe empoisonnée de notre temps. On ne naît pas en effet *gallican*, on le devient; mais on le devient peu à peu, conduit à cet abîme par des principes dont on n'a pas aperçu la fausseté. Ces principes une fois *incrustés* dans les âmes, gâtent tout, entraînent aux plus grands égarements et empêchent *d'être d'accord avec le Saint-Esprit*, comme nous l'avons malheureusement vu au Conseil du Vatican ; ils scindent les catholiques en deux portions, dont l'une conserve la vie de la vérité, et reconnaît le vicaire, le *seul vicaire de J. C.*, comme *infaillible dans tout ce qui est immuable*, et dont l'autre, par sa négation, ou sa révolte, paraît être *vivante*, tandis qu'elle est réellement *morte*, (nomen habes quod vivas et mortuus es (apoc. ch. 3, v. 1), mais c'est assez parler, en ce moment, des choses et des hommes de notre temps; on pourra mieux les juger, quand, dans la 2ᵉ partie de ce travail, j'exposerai leurs principes, ou que je montrerai la singulière application qu'ils font de ce qui est vrai.

Texte vrai de la Prédiction d'Orval.

En ce temps-là un jeune homme venu d'outre-mer dans le pays du celte gaulois, se manifestera par conseils de force ; mais les grands qu'il ombragera l'enverront guerroyer dans la terre de la captivité. La victoire le ramènera au pays premier. Les fils de Brutus moult stupides seront à son approche, car il les dominera et prendra nom Empereur. Moult hauts et puissants rois seront en crainte vraie, et son Aigle enlèvera moult sceptres et moult couronnes ; piétons et cavaliers portant aigle et sang, autant que moucherons dans les airs, courront avec lui dans toute l'Europe, qui sera moult ébahie et moult sanglante. Il sera tant fort, que Dieu sera cru guerroyer d'avec lui. L'Église de Dieu moult désolée se consolera tant peu, en voyant ouvrir encore les temples à ses brebis tout plein égarés : et Dieu sera béni.

Mais c'est fait ; les lunes seront passées ; le vieillard de Sion maltraité criera à Dieu, et voilà que le puissant sera aveuglé pour péchés et crimes. Il quittera la grande ville avec une armée si belle, que aucune fut jamais si pareille : mais oncques guerroyer ne tiendra bon devant la face du temps : la tierce part et encore la tierce part de son armée périra par le froid du Seigneur puissant.

Alors deux lustres seront passés depuis le siècle de la désolation : les veuves et les orphelins crieront à Dieu, et voilà que les hauts abaissés reprendront force ; ils s'uniront pour abbattre l'homme tant redouté.

Voici venir, avec maints guerroyers le vieux sang des siècles, qui reprendra place et lieu en la grande ville. Alors l'homme tant redouté s'en ira tout abaissé dans le pays d'outre-mer d'où il était advenu.

Dieu seul est grand ! La lune onzième n'aura pas encore relui, et le fouet sanguinolent du Seigneur reviendra en la grande ville ; le vieux sang quittera la grande ville.

Dieu seul et grand ! Il aime son peuple et a le sang en haine. La cinquième lune reluira sur maints et maints guerroyers d'Orient ; la Gaule est couverte d'hommes et de machines de guerre ; c'est fait de l'homme de mer, voici venir encore le vieux sang de l'homme de Cap.

Dieu veut la paix et que son nom soit béni. Or, paix grande sera dans le pays du celte gaulois ; la Fleur blanche sera en honneur moult grand ; les maisons de Dieu ouïront moult saints cantiques. Mais les fils de Brutus, haïssant la Fleur blanche, obtiennent règlemens puissans dont Dieu est moult encore fâché à cause des siens ; le grand jour est encore moult profané. Ce pourtant Dieu veut éprouver le retour par dix-huit fois douze lunes.

Dieu seul est grand ! Il purge son peuple par maintes tribulations ; mais toujours les mauvais auront fin. En ce temps-là, une grande conspiration contre la Fleur blanche cheminera dans l'ombre par mains de compagnies maudites, et le pauvre vieux sang quittera la grande ville, et moult gaudiront les fils de Brutus. Les serviteurs de Dieu crieront tout plein à Dieu ; mais Dieu pour ce jour-là sera sourd, parce qu'il retrempera ses flèches pour bientôt les mettre au sein des mauvais.

Malheur au celte gaulois ! le Coq effacera la Fleur blanche, et un grand s'appellera *roi du peuple;* grande commotion se fera sentir chez les gens, parce que la couronne sera placée par mains d'ouvriers qui auront guerroyé dans la grande ville.

Dieu seul est grand ! Le règne des méchants sera vu croître ; mais qu'ils se hâtent ! Voilà que les pensées du celte gaulois se choquent, et que grande division est dans leur entendement. Le roi du peuple assis sera vu en abord moult faible, et pourtant contre ira bien des méchants. Mais il n'était pas bien assis, et voilà que Dieu le jette bas.

Hurlez, fils de Brutus, appelez par vos cris les bêtes qui vont vous manger. Dieu grand ! quel bruit d'armes ! il n'y a pas encore un nombre plein de lunes, et voici venir maints guerroyers.

C'est fait ; la montagne de Dieu désolée a crié à Dieu ; les fils de Juda ont crié à Dieu la terre étrangère ; et voilà que Dieu n'est plus sourd. Quel feu va avec ses flèches ! Dix fois six lunes et pas encore dix fois six lunes ont nourri sa colère. Malheur à toi, grande ville ! voici dix rois armés par le Seigneur ; mais déjà le feu t'à égalée à la terre. Pourtant tes justes ne périront pas : Dieu les a écoutés.

La place du crime est purgée par le feu ; le grand ruisseau a conduit ses eaux toutes rouges de sang ; la Gaule, vue comme délabrée, va se rejoindre.

Dieu aime la paix. Venez, jeune prince, quittez l'île de la captivité ; joignez le Lion à la Fleur blanche. Ce qui est prévu Dieu le veut. Le vieux sang des siècles terminera encore longues divisions. Lors un seul Pasteur sera vu dans le celte Gaule ; l'homme puissant par Dieu s'assiera bien ; moult sages règlements appelleront la paix ; Dieu sera cru guerroyer d'avec lui, tant prudent et sage sera le rejeton de la Cap.

Grâce au Père de la miséricorde ! La sainte Sion rechante dans les temples un seul Dieu grand ; moult brebis égarées s'en viendront boire au vrai ruisseau vif ; trois princes et rois mettront bas le manteau de l'erreur et verront clair en la foi de Dieu ; un grand peuple dè la mer reprendra vraie croyance en deux tierces parts. Dieu est encore béni pendant quatorze fois six lunes et six fois treize lunes.

Dieu seul est grand ! Les biens sont faits ; les saints vont souffrir. L'homme du mal arrive de deux sangs ; il prend croissance ; la Fleur blanche s'obscurcit pendant dix fois six lunes e six fois vingt lunes et disparaît pour ne plus paraître.

Moult de mal, peut de bien seront en ce temps-là : moult grandes villes périront. Israël viendra à Dieu Christ de tout de bon ;

sectes maudites et fidèles seront en deux parties bien marquées. C'est fait; Dieu seul sera cru; et la tierce part de la Gaule, et encore la tierce part et demie n'aura plus de croyance, comme aussi les autres gens. Et voilà déjà six fois trois lunes et quatre fois cinq lunes qui sont séparées. et le siècle de fin a commencé après le nombre non fait de ces lunes.

Dieu combat par ses deux justes, et l'homme du mal a le dessus. Mais c'est fait: le haut Dieu met un mur de feu qui obscurcit mon entendement, et je n'y vois plus. Qu'il soit béni à jamais. Amen. Ainsi soit-il.